JN232516

コミュニティ・ビジネス

新しい市民社会に向けた多角的分析

神原　理……編著
専修大学商学部

東京　白桃書房　神田

序　文

商学研究所叢書刊行にあたって

　専修大学商学研究所は2001（平成13）年に創立35周年記念事業の一環として，研究所所員および学外関係者との産学協同的な研究を志向するプロジェクト・チームによる研究を発足させ，その研究成果を広く世に問うために商学研究所研究叢書として公刊することになった。これまで既に金融サービス，マーケティング，中小企業の諸問題に関わる3巻の研究叢書が公刊されてきた。

　本書はこの専修大学商学研究所叢書シリーズの一環であり，「地域住民のボランタリー活動にもとづきながら地域社会の様々な生活問題に取り組む市民活動」を多角的な視点から分析し，その全体像と課題を明らかにすることを目的とした研究成果であり，専修大学商学研究所叢書シリーズ第4巻である。

　このプロジェクト・チームは2001年からスタートしており，これまで4回の公開シンポジウムを開催し，その間，多くの方々との知的対話，情報共有他を通じ，着々と研究成果を出してきたチームである。地域社会の社会的な事業活動について，経済，経営，サービスとマーケティングといった多様な視点から分析した本書が，学内・外における多くの関係者に知的刺激を与え，商学研究所も同時に社会から多くの知的刺激を受ける双方向の研究のきっかけになることを祈念している。

　専修大学商学研究所は2004年には海外の研究所との国際提携を実現させ，国内のみならず国際的な共同研究成果も世に問うシステムが出来上がった。今後，複数のチームによる研究が商学研究所叢書シリーズとして刊行される予定であり，関係各位のご協力を念じている。

　末尾になるが，本プロジェクト・チームのチーフである神原所員はじめ，同チームにご協力いただいたすべての方々に厚くお礼申し上げたい。

2005年2月

専修大学商学研究所所長　上田和勇

まえがき

本書のねらいと構成

　1990年代の後半以降，日本の経済社会ではコミュニティ・ビジネスが著しい成長をとげている。コミュニティ・ビジネスとは，「地域社会の活性化を主目的とするスモール・ビジネス（社会的な事業活動）」を総称した概念であり，地域住民のボランタリー活動にもとづきながら，地域社会の様々な生活問題に取り組む市民活動である。それらは，NPO法人（特定非営利活動法人）や協同組合（ワーカーズ・コレクティヴ）等，様々な法人格のもとで，地域経済（商業や雇用）や福祉，社会教育，環境といった領域で展開されている。こうした市民主体の事業活動は，営利組織（私的セクター）にも政府（公共セクター）にも属さないことから，「第3セクター」と称され，営利組織（市場）と政府の役割を補填しながら地域経済の活性化や社会的連帯の再構築を実現し，新しい市民社会を担う存在として期待されている。

　コミュニティ・ビジネス（第3セクター）の台頭と進展は，イギリスやアメリカ，イタリア，フランスといった先進資本主義諸国ではすでに一般的な現象であり，こうした社会的な経済活動の概念化や，その意義と課題に関する研究は国際的規模で進められている。しかし日本では，協同組合や共済組織，NPO（民間非営利活動組織）等，コミュニティ・ビジネスを構成する各々の経済主体については相当の研究が蓄積されてきたが，コミュニティ・ビジネス全体の課題について論じた研究はまだ蓄積が浅いといえる。こうした現状を踏まえて，本書ではコミュニティ・ビジネスが発展していくための課題（諸条件）について，経済，経営（市民起業），サービスとマーケティングといった様々な視点から考察していくことで，コミュニティ・ビジネスの諸側面とその課題を明らかにしていく。コミュニティ・ビジネスの多角的分析をとおして全体像とその課題を明らかにしていくことが，本書のねらいであり，また本研究の独自性となる。

本書の構成は次のとおりである。第1章では，コミュニティ・ビジネスに関する基礎的な概念や問題点を整理することで，コミュニティ・ビジネスの全体像と本質的特性を明らかにし，コミュニティ・ビジネスが発展していくための一般的な課題を明示している。ここでの議論をベースとして，第2章ではコミュニティ・ビジネスの発展に必要なスキルや場のあり方について，第3章ではコミュニティ・ビジネスが発展していくための事業機会やリーダーシップについて，第4章ではコミュニティ・ビジネスの担い手を育成するための仕組みづくりにおける課題を論じている。そして，第5章・第6章では，コミュニティ・ビジネスの一翼を担う事業型NPOに焦点をあて，サービスとマーケティングに関する課題を論じている。そして第7章では，コミュニティ・ビジネスを広義に「第3セクター」として位置づけ，イギリス等での先行研究にもとづいて今後の日本の課題を考察している。

　各章の概要は次のとおりである。第1章「コミュニティ・ビジネスの課題と相互的サービスの役割—互酬にもとづくサービスの相互交換—」では，コミュニティ・ビジネスの概念と役割，各発展プロセスにおける課題について整理・検討している。コミュニティ・ビジネスは地域の互酬関係と市民参画のネットワークに依拠することで社会資本の再生産を低コストで担う役割を果たしている。そこでは，人間関係や共同性を含む「相互的サービス（サービスを相互に交換し合う関係）」が重要になる。したがって，市場，再配分，互酬の3つの経済セクターが協同できるようバランスをとりながら相互的サービスの連鎖をつくり上げていくことがコミュニティ・ビジネスの課題といえる。

　第2章「コミュニティ・ビジネスの場：シエナのコミュニティスキル」では，イタリアのシエナにおけるコントラーダとよばれる街区町内会の活動をとおして，コミュニティの形成と維持，発展を促すコミュニティスキルについて考察している。コミュニティ・ビジネスを成功させるためには，「コミュニティ・ビジネスの場」をもつことが必要条件であり，コミュニティスキルの獲得という視点をもつことが重要である。

　第3章「地域商業の活性化とコミュニティ・ビジネスの役割—TMOのまちづくり活動支援を考える—」では，呉TMOの活動経緯とその自立を促す仕組みづ

くりを参考にして，中心市街地活性化及びまちづくりについて検証している。まちづくりは，活動舞台を整備することで複数のリーダーシップによる運営が可能であり，かつまた少額の資金でも活動することができる。中心市街地は，コミュニティ・ビジネスの活動舞台として様々な事業機会を提供し，事業意欲のある市民が集う場として機能させていく必要がある。そしてTMO自身もコミュニティ・ビジネスとして自立化する段階がきている。

第4章「コミュニティ・ビジネスの担い手育成に向けて―コミュニティで育つ若者たちの起業家マインド―」では，大学と地域との連携による人材育成の試みを紹介し，コミュニティ・ビジネスの発展に必要な人材育成の仕組みづくりについて課題を提示している。コミュニティ・ビジネスは，主婦層やリタイア層，ボランティアに依存するだけでなく，若い世代からのリーダー輩出が恒常的となるよう，地域が一体となって，①コミュニティで若者が問題意識をもつチャンスを提供し，②経験の機会を広く与え，③コミュニティ・ビジネスの担い手が継続して輩出できる仕組みを形成することが欠かせない。

第5章「NPOサービスの商品化と社会的に有用な生産―商業化するNPOの意義―」では，「事業型NPO」による「サービスの商品化（商業化）」について，その要因や問題点，経済社会における存在意義を明らかにし，「社会的に有用な生産（商品）」という視点から検討している。NPOサービスの本質的特性は，「地域住民（消費者市民）によるミッションと自発的な集合行動にもとづく，社会的有用性と表象をとおした関係性・共同性の実現」といえる。NPOサービスは，民主性，人間生活の優先，環境志向，市場経済へのアンチテーゼ，オルタナティヴの提示，マイノリティとの共生，マルチステイクホルダーの調整，社会・文化・歴史的要請にかなうこと，といった要件を満たしていくことで，地域社会の関係性と共同性が高められ，政府や市場との対抗的補完関係が実現していくと考えられる。

第6章「環境NPOによる社会的行動のマーケティング―地域資源の商品化にともなうジレンマの構図―」では，環境NPOに焦点を当て，自然環境を商品化（観光化）し収益事業を展開していく際に直面するジレンマの構図を明らかにし，NPOによるマーケティングの課題を検討していく。自然環境の安易な商品

化は,単なる「消費(観光)対象としての自然」として認識され,市場競争の結果,自然価値の消耗や荒廃といった意図せざる結末に至る危険性がある。環境NPOが商品化のジレンマを軽減するには,①商品をとおしたメッセージ性,②自然環境への共同性(共同占有意識)の高揚,③互酬が恒常的に連鎖するような仕組みづくり,といった社会的行動のマーケティングを展開する必要がある。

第7章「コミュニティ・ビジネスの意義と課題」では,まず,日本のコミュニティ・ビジネスが台頭していった背景に考慮しながら,コミュニティの再生が叫ばれている地域の現状を整理していく。そして,広義的にコミュニティ・ビジネスを担うNPOや他の組織を第3セクターとして位置づけ,ヨーロッパ諸国の共通課題や異なる課題を整理・検討する。さらに,政府(行政)と第3セクターの関係をイギリスと日本の現状からみることで,日本のコミュニティ・ビジネスにおけるいくつかの課題の解決の糸口を考察している。

以上が本書の構成である。コミュニティ・ビジネスのすべてを網羅した体系的な研究として本書を位置づけるにはまだまだ不十分な成果ではあるが,コミュニティ・ビジネスや社会的な経済活動に関する研究の一助となれば幸いである。同時に,コミュニティ・ビジネスに携わり,地域社会のために日々苦労を重ねておられる方々の行動指針となるようであれば,まさに望外のことである。

本研究は専修大学商学研究所による研究助成によって刊行されたものである。そもそも本書の構想は,商学研究所による一連の公開シンポジウムに依拠している。「企業家精神とベンチャービジネス―自分の夢をカタチにする―」『専修大学商学研究所報』第33巻第2号,2001年から始まり,「地域から発信する女性起業家―新しいビジネス・モデルへのチャレンジ―」『同所報』第33巻第4号,2001年,「NPOで活躍する女性たち―地域を支える非営利活動―」『同所報』第34巻第3号,2002年,「女性が輝くコミュニティづくり―地域生活とビジネスからの新しい動き―」『同所報』第34巻第5号,2003年に至るシンポジウムのなかで着目してきたのは,今後の社会変革を担うコミュニティ・ビジネス(地域社会に根ざした事業活動)である[1]。本書は,こうした商学研究所の活動成果の延

長線上に位置づけられる。

　本研究においては，商学研究所員の先生方によるご指導・ご鞭撻とともに，本書の執筆者同士による知的互酬関係―互いを尊重しながら刺激し合う関係性―がなければ，まとまった成果として出版するまでには至らなかった。記して感謝の意を表したい。また，本書の刊行は，商学研究所の煩雑な事務作業を一手に担って下さっている水野多佳子さんと，白桃書房（大矢栄一郎社長）のお力添えによって成り立っているということを明記しておきたい。

2005年1月

編著者　神原　理

[注記]
1）これらのシンポジウム抄録については，http://www.senshu-u.ac.jp/%7Eoff1010/#sinpoからダウンロードできる。これらの所報では，ベンチャー・ビジネスや伝統産業の活性化，ネット・コミュニティやNPO等，様々な分野における先進的な事業活動（主に女性の活躍）が紹介されている。

目次

まえがき……i

第1章 コミュニティ・ビジネスの課題と相互的サービスの役割
―互酬にもとづくサービスの相互交換―

1 ● はじめに―市場経済の進展とコミュニティ・ビジネス―……1
2 ● コミュニティ・ビジネスの役割……2
3 ● コミュニティ・ビジネスの発展段階における課題……6
4 ● 互酬にもとづく相互的サービスの課題……10
5 ● まとめ……12

第2章 コミュニティ・ビジネスの場
―シエナのコミュニティスキル―

1 ● イントロダクション……14
2 ● 第3のイタリアと産業集積……15
3 ● 中央イタリアの小都市シエナ……23
4 ● シエナのコントラーダから何を学ぶのか……40

第3章 地域商業の活性化とコミュニティ・ビジネスの役割
― TMOのまちづくり活動支援を考える ―

1 ● はじめに ― 地域商業が抱える問題 ― 48
2 ● コミュニティ・ビジネスの活動の場としての中心市街地 .. 49
3 ● 施策は「商店街」から「まちづくり」の視点へ 51
4 ● 商店街とコミュニティ・ビジネスとの接点 52
5 ● 事例検証 ― 呉TMOの取り組み ― 53
6 ● おわりに 64

第4章 コミュニティ・ビジネスの担い手育成に向けて
― コミュニティで育つ若者たちの起業家マインド ―

1 ● 広く市民参加が求められるコミュニティ・ビジネス .. 66
2 ● コミュニティ・ビジネスを支える人々 67
3 ● 大学で進展する地域社会貢献意識 70
4 ● コミュニティ・ビジネスで力を発揮する若者たち .. 71
5 ● 事例分析 ― 自立性促進と学習の場の形成 ― 77
6 ● おわりに ― 「起業家マインド」を持つ,コミュニティ・ビジネスの担い手育成 ― .. 78

第5章 NPOサービスの商品化と社会的に有用な生産
－商業化するNPOの意義－

1 ● はじめに …………………………………………………… 80
2 ● 事業型NPOとNPOサービスの概念 ………………… 82
3 ● NPOサービスの商品化にともなう諸問題 ………… 86
4 ● 社会的に有用な生産（商品）としてのNPOサービス … 90
5 ● まとめ …………………………………………………… 94

第6章 環境NPOによる社会的行動のマーケティング
－地域資源の商品化にともなうジレンマの構図－

1 ● はじめに─問題の所在─ ………………………… 104
2 ● 環境保全とNPO─都市部と地方観光地のケース─ … 105
3 ● 環境NPOが抱える商品化のジレンマ ……………… 111
4 ● 環境NPOによる社会的行動のマーケティング … 112
5 ● まとめ …………………………………………………… 119

第7章 コミュニティ・ビジネスの意義と課題

1 ● はじめに —2つのセクターの限界— 123
2 ● 市民活動の新たな波 124
3 ● コミュニティの危機 127
4 ● 日本型コミュニティ・ビジネスの課題 130
5 ● 行政と市民活動の課題 132
6 ● 持続可能な社会と社会資本 136
7 ● むすびに—地域再生と場の活用— 139

第1章
コミュニティ・ビジネスの課題と相互的サービスの役割
―互酬にもとづくサービスの相互交換―

1 ● はじめに─市場経済の進展とコミュニティ・ビジネス─

　現在，わが国では市場経済の進展によって様々な豊かさが実現されている。その一方で，環境汚染や少子高齢化に関わる福祉問題，地域社会における伝統文化の荒廃や互助的関係の衰退等，様々な地域の課題が表面化している。こうした問題に対して，効率的な収益の確保を優先する民間企業では十分な対応をとることができなかったり，問題の範囲の広さや財政上の理由等から政府が十分な対策をとることができなかったりしている。これはいわば，市場主義，とりわけ経済成長至上主義の「ひずみ」として，われわれの生活基盤である地域社会や環境への対応をおろそかにしてきた結果といえる。

　そうしたなか，1990年代の後半以降，企業（市場）と政府の役割を補填し，地域社会の身近な生活問題を地域で解決していこうとする様々な市民活動が活発化している。特に，1998年の特定非営利活動促進法の施行によって様々なNPO法人（特定非営利活動法人）が出現し始めた。こうした市民活動のなかでも，「地域社会の活性化を主目的とするスモール・ビジネス（社会的な事業活動）」は，一般に「コミュニティ・ビジネス」と総称されており，地域住民（市民）のボランタリー活動にもとづきながら様々な法人格（NPO法人や協同組合，ワーカーズ・コレクティヴ等）で展開されている。そして，地域経済（商業や雇用）や福祉，環境，社会的連帯（絆）の再構築といった問題に取り組むことで，新しい市民社会を実現しようと試みている。

　多くの先進国で同様の社会経済的変化が生じているなか，Anthony Giddens

は,「コミュニティという問題意識」,即ち活動的な市民社会の再生を「第3の道(社会民主主義)」の重要な課題としている[1]。それは,高い信頼性を有しながら相互依存関係が緊密であり,高度な自己組織化能力をもった強固な市民社会の構築である。また,Roger Sueは,こうした営利目的によらない自発的な「参加と連帯の組織(association)」による経済活動は,市場や公的サービスを補完しながら社会的に役立つイノベーションを目指す存在であり,21世紀の経済社会を牽引する役割とみなしている[2]。そして,Carlo BorzagaやJacques Defournyらは,EUにおけるサードセクター(社会的経済)—伝統的な民間営利セクターにも公的セクターにも属さない社会経済的な起業組織(initiatives)—の成長に関する調査研究を踏まえた上で,それらを福祉国家から新しい混合型福祉(a new welfare mix)への変革的役割として捉えている[3]。

　本稿では,こうした様々な視点から論じられるコミュニティ・ビジネスの概念と役割,各発展プロセスにおける課題について,既存の研究成果にもとづいて整理・検討していく。そして,コミュニティ・ビジネスの本質的特性である相互的サービスの役割を明らかにしていく。

　コミュニティ・ビジネスは,地域の互酬関係にもとづいて社会資本を再生産する役割を果たしている。コミュニティ・ビジネスの発展には,問題意識の共有と自発的参画を促す社会的ネットワークを形成(活性化)していくこと,さらにそこへ経済的な交換システム(商品取引)を導入していくことが不可欠となる。その上で,贈与と反贈与が恒久的に繰り返される「相互的サービス(サービスの相互交換)[4]」の関係を築き上げていくことがコミュニティ・ビジネスの重要な課題といえる。しかし同時にコミュニティ・ビジネスは,市場,再配分,互酬の3つの経済セクターによる協同関係に依拠しているために,既存の組織への同形化や自律性の確保といった課題を抱えている。

2 ● コミュニティ・ビジネスの役割

2-1　コミュニティ・ビジネスの概念

　コミュニティ・ビジネスは,1970年代のイギリスにおける都市の荒廃問題

（失業，貧困，生活環境，教育等の改善）に取り組むための事業として始められた。Community Business Scotland Networkによると，「コミュニティ・ビジネスとは，地域コミュニティ自身が設立・所有し，運営を行う事業組織（trading organizations）であり，地域の発展・活性化を目的とし，最終的には地域の人々が自立・自活した仕事を創出する。コミュニティ・ビジネスという言葉は，通常，強い地理的制約（活動領域・本拠地）をもち，地域市場とサービスに集中・特化した社会的企業（social enterprises）に対して用いられる[5]」と定義されている。

　日本においてコミュニティ・ビジネスが台頭し始めたのは1990年代以降のことである。細内信孝によれば，コミュニティ・ビジネスとは「住民主体の地域事業[6]」であり，「地域コミュニティを元気にすることを目的とした地域密着のスモール・ビジネスのことであり，地域住民が主体的に地域コミュニティの問題に取り組み，自分たちがもっている経営資源を用いてビジネスの形態で実現していくこと[7]」である。それは，福祉，環境，情報，観光・交流，食品加工，まちづくり，商店街の活性化，伝統工芸，安全，金融等の分野で存在する地域の未解決な問題に対して，等身大の範囲で地域住民が取り組んでいく生活ビジネスである。

　コミュニティ・ビジネスという概念が登場する以前にも，生活クラブ生協による協同組合運動や，従業員自身による出資と利益配分にもとづくワーカーズ・コレクティヴ等が存在しており，地域の生活課題に取り組んでいた。近年では，事業型のNPO法人等，多様な主体が含まれている。こうした事業に共通しているのは，「地域の人々が自ら主体となって地域資源を活用した商品やサービスを生産し，その取引活動をとおして，地域の生活問題を解決するとともに，地域生活（経済・社会・文化活動）を活性化する」という社会的な使命をもっていることにある。つまり，地域社会をベースとした小規模の事業活動をとおして，「地域の再生と自律的発展」という社会的使命を達成することであり，社会・公共性と市場・収益性の両立を試みる「市民主体の社会的事業」といえる。こうした活動がビジネス形態をとる必然性は，参加者の自発性に委ねられていた地域の問題解決が，金銭的に役割や責任が明確化されることで問題解決に向けた活動が継続的に行われるためである。

　コミュニティ・ビジネスには，先導者としての役割を果たす「社会起業家（Social Entrepreneur）」や「市民起業家（Civic entrepreneur）」の存在が大きく貢

図表1—1　コミュニティ・ビジネスの位置づけ

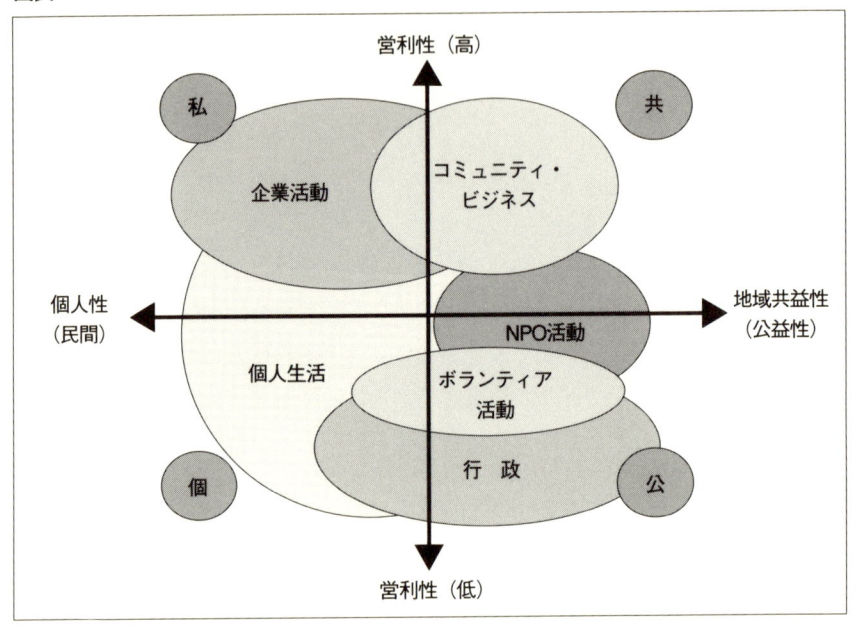

営利性（高）

私　　コミュニティ・ビジネス　　共

企業活動

個人性（民間） ← 　　　NPO活動　　　→ 地域共益性（公益性）

個人生活　　ボランティア活動

個　　　行　政　　　公

営利性（低）

環境省「平成15年度環境白書」http://www.env.go.jp/policy/hakusyo/zu/h15/html/25.html

献している。社会企業家とは，医療，福祉，教育，環境，文化等の社会サービスを事業として行うことで社会問題の解決に取り組む人たちを指す[8]。公益的な目標を掲げながらも，企業経営と同様なマネジメントスタイルを有するところにその特徴がある。市民起業家とは，地域問題の解決と新しい経済コミュニティの構築に向けて市民にビジネスの動機づけを行い，ネットワークを形成し，協同する社会づくりのためのプロジェクトを立ち上げていく，「協同的リーダーシップを発揮する人々」を指す[9]。狭義には，市役所や学校，警察といった公的機関で起業家精神を発揮し，組織内の自己改革を行う人を指し，広義には，公的機関だけでなく，地元企業の経営者や市民団体のリーダー等が含まれる[10]。ともに，地域の問題を解決するために事業活動をとおして活性化を図ろうとする人々である。

　以上の点をまとめると，コミュニティ・ビジネスの位置づけは**図表1—1**のようになる。

1-2　コミュニティ・ビジネスの役割

　コミュニティ・ビジネスは，保健・医療・福祉，社会教育，子育て，まちづくり，環境保全，文化といった「ソーシャル・サービス，コミュニティ・ケア・サービス，社会的共通サービス（social, community care and collective services）[11]」の分野に集中している。それらは主に労働集約型サービスで，努力や成果を評価することが難しく，消費者が生産費用のすべてを支払えないような分野であるため，収益性を優先する企業や公益性（広範で均等なサービス提供）を重視する政府では十分に対応できない。そこでコミュニティ・ビジネスは，地域の互酬関係（補助金や寄附金，地域住民の自発的参加・ボランティアと相互扶助精神）に依拠しながら，地域住民自らが事業の主体となって民主的に運営し，利益を「社会化[12]」することで，企業や政府が行うよりも取引コストの低い社会サービスを提供している。互酬（reciprocity）とは，個人ないし集団間で金品やサービス等を贈与しあうこと（交換原理）で，利益の社会化とは，利益を所有者に分配するのではなく，非分配制約によって事業活動の維持・拡大のために再投資するこという。

　コミュニティ・ビジネスは，企業や政府では対応が困難なソーシャル・サービスを提供することで，地域の問題を解決すると同時に，市場経済のなかで埋もれていた地域資源（人・モノ・天然資源等）の活性化にも貢献している。例えば，社会的弱者への社会参加の促進は，地域の人的資源の活性化とともに社会・経済的基盤の強化につながる。しかし，地域の問題解決と資源活用は明確に区別できるものではない。地域資源の活用こそが当該地域の重要課題となっている場合もあれば，地域の問題を解決するために地域資源を活用することもある。

　つまりコミュニティ・ビジネスの役割は，地域の互酬関係に依拠しながら社会資本（social capital）を動員し，事業活動をとおして地域の問題を解決していくことで社会資本を再生産していくことにある。社会資本とは，信頼，社会規範，ネットワークといった社会組織（自発的協力を促進して社会の効率を上げる社会的グループ）の諸特性であり，協調行動を促進することによって社会の効率を高める働きをするものである[13]。社会資本のあるところには，さらに社会資本が集積され，信頼，社会規範，ネットワークは使えば使うほど増加し，使

わなければ減少する。地域住民はコミュニティ・ビジネスをとおして自発的に地域と関わり，自らの手で地域問題を解決していくことで共同体意識を醸成し，地域の民度（経済力や生活文化）をよりいっそう高めていくことができる。こうした点が，既存の「村おこし」や「一村一品運動」といった，地域の特産品や観光資源の商品化・ブランド化による外部市場からの収益の獲得手法と異なるところである。したがって，コミュニティ・ビジネスの発展によって生じるブランド化は，社会資本の絶え間ない再生産と集積によって社会的認知と評価が高まることといえる。

このように，コミュニティ・ビジネスは，地域問題に取り組みながら政府や市場（企業）を補填していくことで，社会資本の活性化と集積に貢献し，地域の経済構造やコミュニティの再編を促すという役割を果たしている。またそれによって，市民・企業・政府の補完関係がとれた市場経済への変革を促すという，より長期的な役割を担っている。

3 ● コミュニティ・ビジネスの発展段階における課題

一般的に，コミュニティ・ビジネスは，地域社会に対して同じような問題意識をもったごく少数のスタッフで活動を始める。それがやがて発展していくにつれて地域社会への影響力をもつようになり，地域の社会変革や自律的発展を担う存在として不可欠な存在になっていく。このときコミュニティ・ビジネスは，民間の営利組織（いわゆるベンチャー・ビジネス）と同様に一定の発展段階を経て成長していく。山岡義典は，NPOの組織化には「個人⇒グループ⇒団体⇒法人」という発展段階があることを指摘しており，Charles Leadbeaterは，社会起業家が立ち上げる組織の発展段階（ライフサイクル）を「社会資本の獲得期・投資期・配当期」の3段階で説明している[14]。

そこで以下では，非営利組織の発展段階説にもとづいて，コミュニティ・ビジネスの各発展段階における課題を明らかにしていく。

3-1　コミュニティ・ビジネスの初期段階

　コミュニティ・ビジネスがひとつの組織（事業形態）として立ち上がるまでにはいくつかの前段階がある。最初は，1人の市民が地域生活に疑問や怒り，問題意識をもつ「個人レベル」から始まる。その個人が発意し周囲の仲間に呼びかけ，共感・賛同した人々が自発的に集まりグループを形成するか，或いは同じような問題意識をもった既存のグループに加入する。これが「集団レベル」である。そうしたグループが地域の人々の支援を得て，ひとつの組織として体裁を整える（法人化する）ことで，ようやくコミュニティ・ビジネスがスタートする。これが「社会（地域）レベル」である。

　個人レベルからの集団形成においては，同様の生活体験や実感（危機感や問題意識）をもった当事者同士が集まる傾向が強いため，比較的スムーズに発展段階を経ることができる。地域の子育てサークルが典型例であるように，当事者や経験者間での共感を集めやすい社会問題では，集団形成のプロセスが比較的容易になる。しかし，それが社会的なネットワークへと発展していくためには，当事者だけではない地域全体の人々からの賛同と支持が必要になる。防犯やゴミ問題のように，より多くの地域住民が一様に実感している切実な問題であれば，地域全体の支持は得やすい。しかし，育児や社会的弱者のケア等，当事者以外では実情が把握しづらいような社会問題の場合には，問題の切実さなり重要性を広く説明していく必要がある。また，具体的に活動を行っていく上でも，地域社会に根ざした人間関係の結束力が重要になる。

　純粋な非営利組織であれば，「社会レベル」の段階で，地域ネットワークをより拡大・強化することで支援者の増大を図ることが課題となる。しかし，コミュニティ・ビジネスの場合，問題意識の社会的共有だけでは不十分で，地域社会のネットワークに経済の仕組みを導入するという「社会レベル」から「経済レベル」への発展が不可欠となる。コミュニティ・ビジネスを成功させるためには，地域住民の問題意識を「市民ニーズ」として事業化・商品化することで，地域ネットワーク上での経済活動（収益活動）を円滑に展開していく必要がある。そこには，収益活動それ自体の困難さだけでなく，特定の活動を収益事業として展開することの是非や，既存の民間企業との競合といった課題（障害）が存在している。

図表1−2 地域社会におけるコミュニティ・ビジネスのネットワーク展開

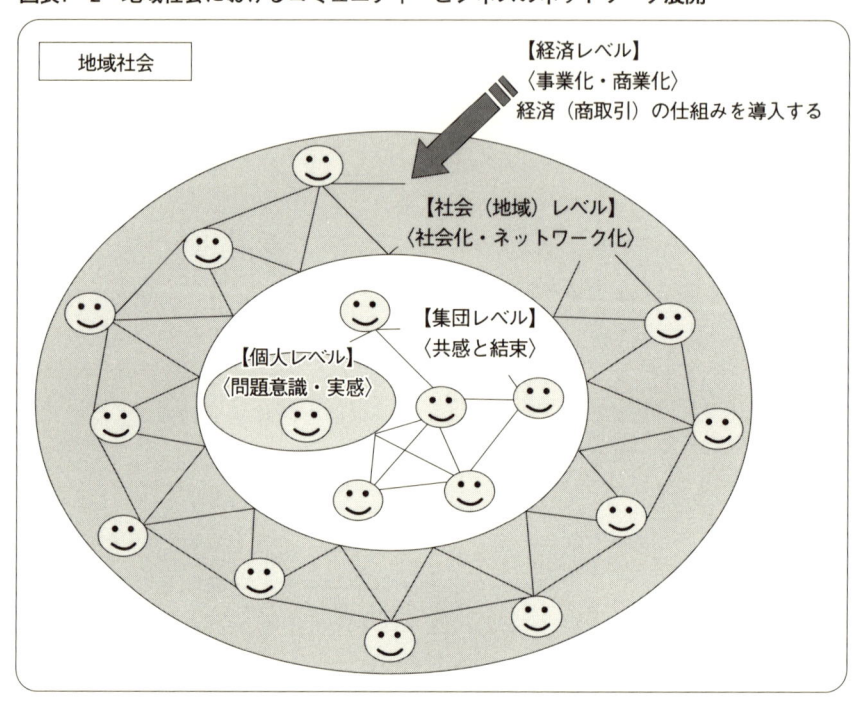

（地域社会）

【経済レベル】
〈事業化・商業化〉
経済（商取引）の仕組みを導入する

【社会（地域）レベル】
〈社会化・ネットワーク化〉

【集団レベル】
〈共感と結束〉

【個人レベル】
〈問題意識・実感〉

このように，個人の問題意識を集団レベルから地域社会のネットワークへと拡大させ，さらにそこへ経済的な仕組みを導入するというコミュニティ・ビジネスのネットワーク展開のプロセスをまとめると図表1−2のようになる。

3-2　コミュニティ・ビジネスの発展段階

　コミュニティ・ビジネスが「社会レベル」から「経済レベル」へと発展していく際の第1ステップが「社会資本の獲得段階」である。そこでは組織の社会的使命の設定，核となるチームの結成，活動資金やパートナー等の環境整備が行われる。その次が「社会資本の投資段階」で，事業の拡大・成長が目的となるとともに，活動の多様化や様々なステイクホルダーの存在によって実務的なマーケティングやマネジメントの必要性が高まってくる。

　コミュニティ・ビジネスには，資本金や補助金・助成金，寄附金など多様な

図表1-3 コミュニティ・ビジネスの発展プロセス

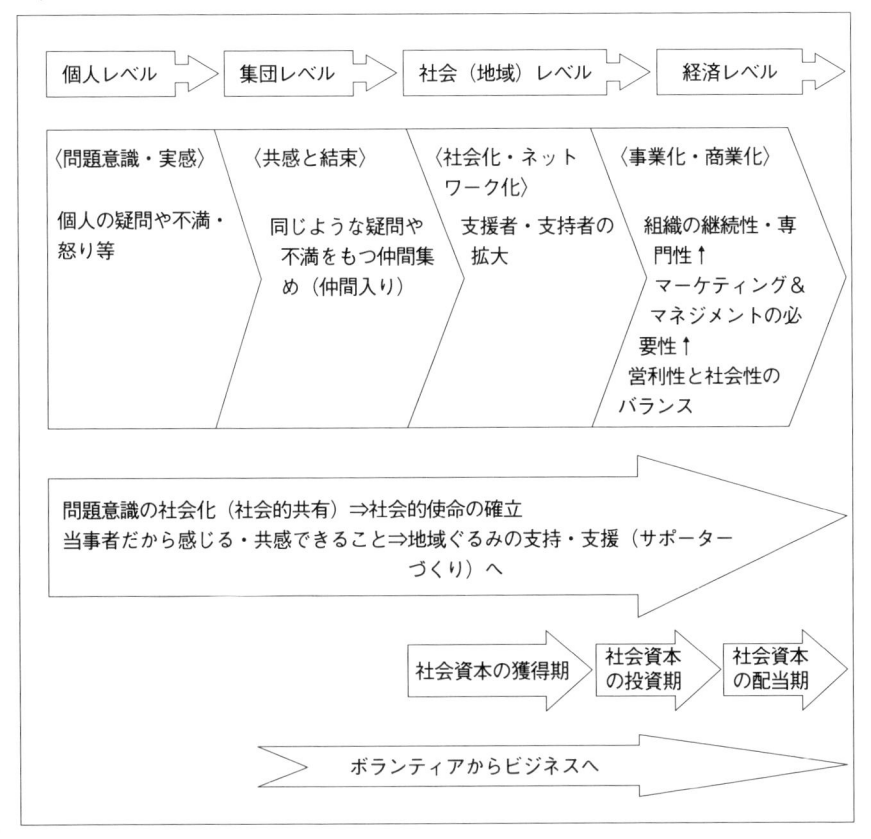

個人レベル	集団レベル	社会（地域）レベル	経済レベル
〈問題意識・実感〉 個人の疑問や不満・怒り等	〈共感と結束〉 同じような疑問や不満をもつ仲間集め（仲間入り）	〈社会化・ネットワーク化〉 支援者・支持者の拡大	〈事業化・商業化〉 組織の継続性・専門性↑ マーケティング＆マネジメントの必要性↑ 営利性と社会性のバランス

問題意識の社会化（社会的共有）⇒社会的使命の確立
当事者だから感じる・共感できること⇒地域ぐるみの支援・支援（サポーターづくり）へ

社会資本の獲得期 → 社会資本の投資期 → 社会資本の配当期

ボランティアからビジネスへ

資金源があるものの，活動資金が十分に集められない場合には，業務の充実・拡大が図れなかったり，スタッフの雇用自体が危うくなることがある。また，補助金や委託事業への依存度が高く，自主財源が少ないような場合，主体的な活動が満足にできなくなることもある。そのため，財源確保を目的とした収益活動が重視され，社会的使命がおろそかになる可能性も出てくる。また，類似した商品やサービスを提供する民間企業と競合する場合には，その価格や品質，価値を説明する必要性が生じる。さらに，公的な資格や規格，或いはそれに代わる保証制度を設けることで，提供する商品やサービスの質を利用者に保証することも欠かせない。また，業務を展開する上では，有給スタッフとボランティアとで仕事や責任の範囲を明確に区別する必要性も出てくる。

コミュニティ・ビジネスが一定の成功を収める「社会資本の配当段階」に至ると，ステイクホルダーとの関係が重要になる。これまでの成果を自己評価するとともにステイクホルダーに成果報告をし，活動目標を再設定することで組織の再結束を図る必要性が出てくる。組織の活動が転換期に来ているような場合には，社会的使命を創造的に進化させることで，この成熟期を乗り切ることも必要になる。育児支援サービスから幼児教育，環境教育へと事業を拡大・進展させていくようなケースがこれに該当する。

　社会資本の投資段階から配当段階へと進展していくにつれて，コミュニティ・ビジネスは社会変革を促す存在として地域社会での位置づけが大きくなっていく。同時に，社会的使命の達成（公共性・公益性）と収益性（営利性），地域の共益と私益，地域生活のゆとりや豊かさと経済的発展といった，相反するような使命のジレンマも増大してくる。そのバランスを保ちながら活動していくことがこの段階での課題となる。

　以上，これまで整理したコミュニティ・ビジネスの発展プロセスをまとめると図表1—3のようになる。

4 ● 互酬にもとづく相互的サービスの課題

　社会資本は元来，地域の富を生み出す貴重な存在であるにも関わらず，その再生産は市場経済や政府からはコストや負担としてみなされてきた。そうしたなか，コミュニティ・ビジネスは地域の互酬関係と市民参画のネットワークに依拠することで社会資本の再生産を低コストで担う役割を果たしている。この互酬関係においては，贈与や寄附だけでなく，人間関係や地域の共同性を含む「相互的サービス（サービスを相互に交換し合う関係）[15]」が重要な存在となっている。

　相互的サービスとは，サービスの提供者と受給者の区別がなく，与えると同時に受け取る，もしくは互いが順々にサービスの提供者と受給者になる関係をいう。高齢者支援を行うコミュニティ・ビジネスのスタッフが，逆に高齢者から元気づけられたり人生観を学んだり，そこから相互扶助の輪が広がったりという，日常的に交換されていながら人々の注意をほとんど引かない様々な「評

価できないサービスの交換」である。それは，地域住民の自発的参画とネットワークに根ざしているため，営利組織や政府によっては置きかえられない「人格的な関係性」を築くことができる。それ故に，地域住民は金銭的な報酬よりも，組織の社会的使命にもとづく相互的サービスの交換にインセンティブ（価値）を見出し，自発的にコミュニティ・ビジネスに参画する。こうした点が，契約にもとづいて取引関係を提携・決済する市場取引や，政府による財の再配分（redistribution）と異なるところであり，コミュニティ・ビジネスが依拠する交換関係（市場）の特殊性でもある。

相互的サービスが発展していくことで地域の社会資本は集積・活性化され，地域社会全体の富（生活の質）も向上していく。そのためには，コミュニティ・ビジネスは獲得した利潤を社会化し，相互的サービスによる贈与と反贈与という互酬システムが恒常的に機能するようにしなければならない。さらにコミュニティ・ビジネスは，市場，再配分，互酬という３つの経済（交換）活動のそれぞれの組織が協同できるような仕組みづくり（ハイブリッド化）を行うことで社会的な共通益を創出する必要がある。

しかし，コミュニティ・ビジネスのなかには，営利組織と同じように収益を重視した事業活動へシフトしたり，行政機関と変わらない活動へ移行したり，時間の経過とともに既存の組織形態への制度的「同形化（isomorphism）[16]」を起こす傾向がある。それは，相互的サービスがもたらす価値（関係性）の低下のみならず，ひいては社会資本の沈滞化をもたらす可能性がある。しかもそれは，社会的使命の達成を目指すコミュニティ・ビジネスが，自らの理念や活動方針とは逆の結果を自らの手で引き起こすという矛盾した結末を導くことになる。したがって，コミュニティ・ビジネスは，市場，再配分，互酬の３つの経済セクターが協同できるようバランスをとりながら，地域に相互的サービスの連鎖をつくり上げていくという役割に注意を払わなければならない。それがコミュニティ・ビジネスの課題であり存在意義となるだろう。

5 ●まとめ

　本稿では，コミュニティ・ビジネスの概念と役割，各発展プロセスにおける課題について，既存の研究成果にもとづいて整理・検討していった。コミュニティ・ビジネスとは，「地域社会の活性化を主目的とするスモール・ビジネス（社会的な事業活動）」を総称した概念であり，地域住民のボランタリー活動にもとづきながら，地域社会の様々な生活問題に取り組む市民活動である。コミュニティ・ビジネスは，地域の互酬関係にもとづいて地域問題の解決を図ることで政府や市場（企業）の役割を補填するとともに，社会資本を再生産する役割を果たしている。

　コミュニティ・ビジネスの発展には，問題意識の共有と自発的参画を促す社会的ネットワークを形成（活性化）していくこと，さらにそこへ経済的な交換システム（商品取引）を導入していくことが不可欠となる。その上で，贈与と反贈与が恒久的に繰り返される「相互的サービス」の関係を築き上げていくことがコミュニティ・ビジネスの重要な課題といえる。しかし，コミュニティ・ビジネスは，市場，再配分，互酬の3つの経済セクターに依拠しているため，既存の組織への同形化や自律性の確保といった課題を抱えている。

　したがって，コミュニティ・ビジネスが市場や再配分との補完関係を維持しながら，地域社会で相互的サービスの関係を構築していくプロセスについて明らかにするとともに，相互的サービスがどのような関係性や共同性を育み，社会資本を蓄積していくのか，より詳細な研究を進めていくことが必要となる。

[注記]
1) Anthony Giddens, *The Third Way: The Renewal of Social Democracy*, Polty Press, [1998], (佐和隆光訳「第3の道」日本経済新聞社 [1999])．
2) Roger Sue, *LA RICHESSE DES HOMMES*, Editions Odile Jacob, [1997], (「『第四次経済』の時代—人間の豊かさと非営利部門」新評論 [1999])．
3) Carlo Borzaga & Jacques Defourny (eds.), *The Emergence of Social Enterprise*, Routledge, [2001], (内山哲朗・石塚秀雄・柳沢敏勝訳「社会的企業—雇用・福祉のEUサードセクター—」日本経済評論社 [2004])．
4) Roger Sue, *op.cit.*, pp.146-148.
5) http://www.internation.co.uk/network

> Community Businesses are trading organizations set up, owned and controlled by the local community and which aim to be a focus for local development and ultimately create self-supporting jobs for local people. The term 'Community Business' is normally used for Social Enterprises that have a strong geographical definition and focus on local markets and services.

6) 細内信孝『コミュニティ・ビジネス』中央大学出版部 [2001] 13頁。
7) 細内信孝稿「コミュニティ・ビジネスによる雇用創出策」『地方財務』ぎょうせい, 2000年7月号。
8) Charles Leadbeater, *The Rise of the Social Entrepreneur*, Demos, [1997]. 及び, 町田洋次『社会起業家』PHP新書 [2000] 18頁。
9) Douglas Henton, John Melville, & Kimberly Walesh, *Grassroots Leaders for a New Economy: How Civic Entrepreneurs Are Building Prosperous Communities*, 1st ed., Jossey-Bass, [1997], (加藤敏春訳『市民起業家—新しい経済コミュニティの構築—』日本経済評論社 [1997])。加藤敏春『マイクロビジネス—すべては個人の情熱から始まる—』講談社α新書 [2000]。
10) Charles Leadbeater & Sue Goss, *Civic Entrepreneurship*, Demos, [1998]. では, 公的機関内のリーダーに焦点が当てられており, Daniel Henton, *op.cit.* ではハイテク・ベンチャーの起業家等広範な人々を対象としている。
11) Carlo Borzaga & Alberto Bacchiega, *op.cit.*, Carlo Borzaga & Jacques Defourny (eds.), (「16章 社会的企業のインセンティブ構造」)。
12) Jacques Defourny, *op.cit.*, Carlo Borzaga & Jacques Defourny (eds.), (「緒章 社会的企業のインセンティブ構造」)。
13) Robert D. Putnam, *Making Democracy Work: Civic Traditions in Modern Italy*, Princeton University Press, [1993] (河田潤一訳『哲学する民主主義—伝統と改革の市民的構造—』NTT出版 [2001])。
14) 山岡義典編著『NPO実践講座 いかに組織を立ち上げるか』ぎょうせい [2000]。Charles Leadbeater, *op.cit.*
15) Roger Sue, *op.cit.*, pp.146-148.
16) Marthe Nyssens & Jean-Louis Laville, *op.cit.*, Carlo Borzaga & Jacques Defourny (eds.), (「18章 社会的企業と社会経済理論」)。

[参考文献]
金子郁容・松岡正剛・下河辺淳著 [1998],『ボランタリー経済の誕生』実業之日本社
金子郁容著 [2002],『新版 コミュニティ・ソリューション』岩波書店
Karl Polanyi, [1977], *The Livelihood of Man*, Academic Press, (玉野井芳郎・栗本慎一郎訳 [1998],『人間の経済—市場社会の虚構性—Ⅰ・Ⅱ』岩波書店)
Lester M. Salamoni, [1992], *America's Nonprofit Sector*, The Foundation Center, (入山映訳 [1994],『米国の「非営利セクター」入門』ダイヤモンド社)
Peter F. Drucker, [1993], *Post-Capitalist Society*, Harper Business, (上田惇生・佐々木実智男・田代正美訳 [1993],『ポスト資本主義社会—21世紀の組織と人間はどう変わるか—』ダイヤモンド社)

第2章 コミュニティ・ビジネスの場
―シエナのコミュニティスキル[1]―

1 イントロダクション

　資本主義が発達し，進化すると，社会関係資本が欠乏し，コミュニティが消失する傾向が議論されている。また，グローバリゼーションそして情報通信技術（ICT）革命等が地域コミュニティから人々を切り離す可能性も議論されている。そういったなかで，コミュニティを再生し，維持し，発展させる機能をコミュニティ・ビジネスが果たすのではないかという期待がある。このため，これまでのコミュニティ・ビジネスの議論において，ビジネスのアイデア創造，設立維持そして発展の必要十分条件に重点が置かれてきた。わが国でも，コミュニティ・ビジネスの様々な成功事例が発表され，地域経済活性化の特効薬という見方もある。

　しかし，コミュニティ・ビジネスの成功が，ただちにコミュニティ再生に結びつくという図式は必ずしも明らかでない。そこで，中央イタリアの小都市シエナのコントラーダとよばれる街区町内会の活動をコミュニティ・ビジネスとして捉え，地域コミュニティの形成と維持そして発展を促すコミュニティスキルを考察するのが本論文の目的である。

　そのため，「コミュニティ・ビジネスの場」という概念を「場」の研究から援用することにした。「場」とは，濃密な交流の深化が，文化，情報，規範，信頼性，安心感，緊張感といったものの共有を促す状況である。この場という概念は産業集積の議論の延長線上にある。産業集積とは，製造業を中心とした中小企業の柔軟な特化による地域産業システムであり，そういった場を基盤とし

て存在している考えることができる。そして，産業集積の代表例として第3のイタリアと呼ばれる中央・北イタリアの都市群がある。産業集積という地域産業システムとコミュニティ・ビジネスの場は，より広義のコミュニティの場という共通基盤の上に存立している。

2 ● 第3のイタリアと産業集積

　オイルショック以後に「第3のイタリア」という言葉が聞かれる様になった。先進国の多くの地域が不況に悩む間，中央・北イタリアに当たるボローニャ，フィレンツェ，ヴェネツィアの三角形にかこまれた地域のパフォーマンスがずば抜けていたことがPiore&Sable（1986）による「産業の第2の分水嶺」の議論により明らかになった。彼らは，その後の数十年の命運を決定する技術発展のわかれ道を分水嶺という言葉であらわした。

　第1の分水嶺は19世紀に始まる産業革命であり，半熟練或いは未熟練労働による標準化された製品の大量生産システムである。そして第2の分水嶺においては柔軟かつ専門性を持った生産システムによる多品種少量生産への移行があるとした。これは第1の分水嶺において時代遅れとなった職人による生産のシステムが質的に変化した上でリバイバルするという予測である。そして第3のイタリアにその萌芽がみられるとした。このためイタリアの地域経済に対する興味が急増し，「第3のイタリア」そして「産業集積」（Industrial Districts）の議論が始まった。それまでは問題ばかりの国とみられていたイタリアが，一部の地域とはいえ脱工業化社会という言葉から予想される社会の将来像の見本と考えられたわけである。

　イタリアは南北に長いブーツのような国土をしており，従来は北イタリアと南イタリアという2分法で議論されることが多かった。実際，第2次大戦後のイタリア経済の奇跡を演出したのは民間資本とともに国家資本をも動員した大資本による工業化がミラノ，トリノ，ジェノバといった従来の工業地帯である北イタリアという第1のイタリアで，そしてそれに取り残された南イタリアという第2のイタリアという二重構造が議論されていた。しかし，国有企業を含む大企業中心経済は，硬直的な労働市場における強力な労働組合やスカラモビ

レと呼ばれる賃金上昇システムによるコスト上昇に苦しみ，利益があがらない構造となっていた。そういったなかで，中小企業を中心とした産業集積による経済発展が第3のイタリアで成功していった。

　産業集積とは，ある特定の産業を中心に関連産業を含めた中小企業が集積した地域において，専門企業による柔軟な分業を前提に，各企業のネットワークにより，競争力のある地域産業システムが存在している現象を示す。特に産業集積が注目されたのは，石油ショック以後の不確実性の増加，経済の高度化による大量生産から多品種少量生産へのシフトという激動のなかで，繊維等の伝統的産業においてさえニッチ市場に活路を見出し，継続的発展を実現したことによる。

　こういったイタリアに対する興味の中心話題は，当初は中小企業同士のネットワークであった。次第に地域政策の観点から，なぜ協調と競争の両立する地域産業システムが存在し，その維持・発展が可能かという点が議論されるようになった。これはコミュニティの問題となり，地域の一般的社会特性に注目する方向性では，社会関係資本の議論へと発展した。

2-1　社会関係資本：信頼，社会規範，社会ネットワーク

　政治学者のPutnam（1993）の社会関係資本とは，協調的行動を促進することにより社会の効率性を向上させる，信頼（Trust），社会規範（Norms），社会ネットワーク（Networks）といった社会的組織の構成要素である[2]。OECD（2001）による代替的な定義では，社会資本とは，複数のネットワークのことであり，それらのネットワークはグループ内やグループ間の協力を助長するための共有する社会規範や意思疎通をもつとしている[3]。

　社会関係資本の，信頼，社会規範，そして社会ネットワークという3つの構成要素をみておこう。

（1）信頼

　信頼の重要性は，それのあるなしが，何を選択するか，何をすることができるかということに直接関係していることである。交換は相互の作業であり，常に脆弱性と横領の危険性をはらんでいる。したがって，信頼がないところでは

交換が円滑に行われない。信頼には一般的信頼と特定的信頼を考えることができる。一般的信頼とは家族や閉鎖的グループの外部における信頼であり，特定的信頼とは家族や閉鎖的グループ内の信頼である。一般的信頼が全体の効率性を高めることは容易に想像できよう。

山岸（1998）による信頼概念の整理において，信頼が多様な意味をもち，道徳的秩序に対する期待，相手の意図に対する期待，信頼の人間関係的信頼，そして信頼の人格的信頼，個別的信頼，カテゴリー的信頼，一般的信頼等があるという概念整理がされている。また，信頼性は信頼される側の特性であり，信頼は信頼する側の特性である。社会関係資本の議論では信頼される側の特性である信頼性も重要である。

特に重要な一般的信頼とは，他者がどの程度信頼できるかという他者の信頼性のデフォルト値，つまり他に判断材料がないときに用いる値と考えることができる。つまり，具体的な特定の相手ではなく，他者一般に対する信頼は一般的信頼と呼ばれるのである[4]。

さらに安心と信頼の違いも議論されており，社会的不確実性がある場合の認知が信頼であり，社会的不確実性がない場合の認知を安心として区別している。この区別は重要であり，例えばうそをつくことで厳罰が必ず与えられる社会では，相手にうそをつかれないという安心があるが，これは社会的不確実性がないからである。

山岸（1998）の6個の信頼に関する命題は以下のとおりである。

命題1　信頼は社会的不確実性が存在している状況でしか意味をもたない。つまり，他人に騙され，ひどい目にあう可能性がまったくない状況では，信頼は必要とされない。

命題2　社会的不確実性の生み出す問題に対処するために，人々は一般に，コミットメント関係を形成する。（やくざ型コミットメント，本稿では，マフィア型コミットメントのほうが適当かもしれない）

命題3　コミットメント関係は機会コストを生み出す。

命題4　機会コストが大きい状況では，コミットメント関係に留まるよりも，留まらない方が有利である。（君子は豹変する。）

命題5　低信頼者（他者一般に対する信頼である一般的信頼の低い人）は，高信頼者（一般的信頼の高い人）よりも，社会的不確実性に直面した

場合に，特定の相手との間にコミットメント関係を形成し維持しようとする傾向がより強い。

命題6　社会的不確実性と機会コストの双方が大きい状況では，高信頼者が低信頼者よりも大きな利益を得る可能性が存在する。

最後の命題は，身を捨ててこそ浮かぶ瀬もあれという諺に通じるものがあるとして，信頼発達の認知資源投資モデルが定式化されている。注意深くふるまい，相手の信頼性の欠如を示唆する情報に注意を払う等の行動を，認知資源の投資行動と呼ぶ。社会的不確実性と機会コストがともに大きな環境では，相互作用相手の信頼性に関する情報を収集するための認知資源の投資行動が起こりやすく，その結果，他者の信頼性を見抜くのに必要な社会的知性も発達する。

社会的知性が高く，社会的不確実性の大きな場所でも搾取されない人間は一般的信頼を高いレベルと維持でき，社会的知性と一般的信頼は共進する。つまり一方の向上は他方の向上を促す。そうすると，マフィア型コミットメント関係を離脱した場合に搾取される可能性は少ないため，一般的信頼をもつことが適応価値を上げる。社会的知性が低い人は外部の機会を利用する利益よりそのために搾取される損失の方が大きい。社会的知性の発達には認知コストが必要で，他人にだまされる可能性がない人は投資動機がない。低信頼者はやくざ型コミットメントから抜け出ないので安心を手に入れるが，社会的知性を向上させてもしょうがない。さらに，信頼される側の特性である信頼性も共進化すると考えることが可能である。

(2) 社会規範

社会規範とは，全員が従う共通の行動戦略である。社会規範は法律に裏づけられた正式なもの，或いは文化的慣習による暗黙的なものまでを含む広い概念である。共通の社会的規範のもとでの交換において，協調の費用が安いことは当然であろう。しかし，異なった社会的規範のあいだの取引には，逆に高い協調の費用を生じせしめる可能性もある。Weberによるプロテスタントの献身，倹約，誠実といった宗教的規範が経済的成功に結びついたという議論は有名である。

（3）社会ネットワーク

　隣組，合唱隊，協同組合，スポーツクラブ，集団パーティ等々の市民的寄り合いネットワークは水平的相互作用である。こういった市民的寄り合いネットワークは社会資本の重要な形態であり，そういったコミュニティにおけるネットワークがより深いものであればあるほど，コミュニティのメンバーは，より相互の利益のために協調できる。

　ネットワークは信頼や社会規範を生み育て，より効率的な社会を醸成する。しかし，よい話ばかりではない。犯罪組織，テロリスト或いはカルト集団のネットワークは社会的に好ましくない結果をもたらす。こういった社会的に好ましくないネットワークの特徴は，特殊利益集団化し，能力主義によらない指導者選択が生む閉鎖性と頑迷性である。したがって，社会的に好ましいネットワークは，オープンで能力主義的なネットワークであり，緩い紐帯で結ばれたものとなろう。よいネットワークは社会全体の協調を増進させたり市場の失敗を解決する場合があるが，悪いネットワークは社会的厚生を減少させるような再分配しか行わない。

　Putnam（1993）は，イタリアの投票率と合唱隊のメンバーシップとの相関が高いことそしてこれら変数が経済活動水準とも相関が高いことをもって民主主義が機能することを実証した。また，Putnam（2000）においては，米国のボーリングチームのメンバーシップをもとに社会ネットワークの指標とし，ボーリングチームへの参加率がおよそ40年間の間に8％から4％へと半減したことをはじめとして，社会ネットワークへの参加が減少している現象を示した。実際，米国社会資本の指標の多くは1960年から減少した。その理由はテレビや個人的余暇の発達，通勤時間の増加，女性の社会参加，そして世代のメンタリティーによって説明でき，それぞれ25％，10％，10％，40％に要因分解できるとしている。さらに州別にみると，社会関係資本減少と犯罪率，健康，脱税，不平等等と強い相関があることを示した。つまり，資本主義の発達は，コミュニティの崩壊との相関が高いわけである。

2-2 「場」とコミュニティ

　このような社会関係資本という考え方は，「場」の概念と共通性をもつ。伊丹敬之他（1998）は，わが国の90年代にかけての産業集積研究の集大成であり，そこでは産業集積を以下のような条件で定義している。

柔軟性条件
① 技術蓄積の深さ
② 分業間調整費用の低さ
③ 創業の容易さ

柔軟性条件を満たすような望ましい分業集積条件
① 分業の単位が細かい
② 分業の集まりの規模が大きい
③ 企業の間に濃密な対応の流れと共有がある

　そして，こういった条件がワンセットとしてそろうことが重要であることを指摘し，人々の接触や観察の頻度を高め，文化と情報の共有させる状況を「場」と呼んだ。さらに，伊丹他（2000）は「場」という概念を発展させた。そこでは，存在する複数の定義の共通項として，「空間の共有状況」，「状況が個人にそして個人が状況に働きかけるプロセスにおける自己組織化」，「関係性により何かが達成されることの重要性」の3点をあげている。

　伊丹自身の「場」の定義は次のようになっている。「場」とは人々が参加し，意識・無意識のうちに相互観察をし，コミュニケーションを行い，相互に理解をし，相互に働きかけあい，共通の体験をする。その状況の枠組みのことである。そこでは，人々様々な様式で情報を交換しあい，その結果人々の認識（情報集合）が変化する。このプロセス全体が情報的相互作用で，場とはいわばその相互作用の「容れもの」のことである。

　額田（2000）は，「産業集積」と「場」の関係を議論した先行業績であり，産業集積を「場」という視点から考え，産業集積における企業間の柔軟な連結を考え，「場の情報」が柔軟な連結の達成に果たす役割を考察している。

　産業集積群の柔軟性と柔軟な連結は，少量多品種さらに時間的に不確定といった多様なニーズに適正な時間と適正な価格で対応することと，あいまいなニーズを具現化しそのプロセスを支援することにより可能となる。そのためには，

細分化された分業と分業単位のコーディネーションが必要である。多様な専門特化企業の集積は必要条件だが，それらをコーディネーションする機能がなければ十分ではない。そういった活動のなかで，知的熟練や相互信頼が蓄積されていくわけである。

分業企業群をコーディネートするということは，選択，編集，編曲といった監督（プロデューサ）機能を発揮するということである。映画が総合芸術と呼ばれるように，産業集積における地域生産システムは統合芸術であるということができる。

産業集積内の企業同士の「濃密なコミュニケーションとコーディネーション」の重要性の指摘があるが，基本的にはビジネス関係のなかでのコミュニケーションとコーディネーションが議論の対象である。信頼を一般的信頼と情報依存的信頼という概念に分けた場合，一般的信頼とは他人一般に対してもつものであるが，情報依存的信頼とは限定的なものであり判断を必要とする相手に情報に依存している。とすれば，産業集積においては情報依存的信頼が直接的には重要となる。しかし，場のもつ状況性としての環境を考えれば，一般的信頼をもつことができるかどうかがより基本的なものである。また一般的信頼が獲得できていなければ，情報依存的信頼も獲得できないであろう。

ということは，産業集積の場は，コミュニティの場に包含される。したがって，基本的な地域アイデンティティの源泉としてのコミュニティの場という基盤的なものを考える必要性がある。そうすると，産業集積の場もコミュニティ・ビジネスの場も，自然とコミュニティの場に含まれる概念となる。

「場」の情報とは，人々が空間を共有し，意識的或いは無意識的に交流相互作用することにより醸成される状況である。集積では，近接していることが重層的な場の共有を容易にし，企業，職種，階層を超えて，コミュニケーション機会を高め，状況環境空間を拡大成長させている。脳のなかで，しばしば有益な連想が起こるように，人と人，人と組織，人と状況の間のネットワークが接続したり，分離したり，融合したりするわけである。こういった状況の共有は，繰り返しのなかで生まれてくることから，信頼が重要となってくる。自分が信頼する人，組織，状況と関わると同時に，相手からも同様のことを期待されるという信頼性，そしてそういった環境を共有しているという安心感が醸成されるのである。しかし，不確実性の増大という，ネットワークにつながり続ける

ことによる機会費用の増大は，新しいネットワークへの乗りかえを必要とさせ，それがいかにスムーズにできるかが問題となる。

イタリアには職人企業という分類があり，職人が認知されている。したがって，徒弟的な知識・技能獲得の文化が残っている。また，精神としての経験学習の重要性も認識されている。生田（1987）の指摘する，模倣，繰り返し，そして習熟という「型」を修得することにより「わざ」を手に入れることが重要視されている。別の言葉でいいかえれば，個々の学習者はひとまとまりの抽象的な知識の断片を獲得し，それを後に別の文脈に当てはめる，といったことはしない。むしろ，学習者は正統的周辺参加（Legitimate Peripheral Participation）という，ゆるやかな条件のもとで実際に仕事の過程に従事することによって業務を遂行する技能を獲得していくのである。つまり，真の徒弟制という全人的な参加ではなく，ゆるやかな参加がもたらす疑似参加体験の豊かさが大事であるという考えとなり，ウェンガー他（2002）の実践共同体（Community of Practice）論へと結びつく。このようにみれば，コミュニティ・ビジネスの場は産業集積の場を包含している。

Amin（2000）はイタリアの2つの地域を比較し，産業集積として成功する要因を探った。2つの地域とは，成功している産業集積として中央イタリアのトスカーナにあるサンタクローチェと，未発展である南イタリアのナポリにあるステッラである。4つの結果が得られた。

① 分業と企業間協力

産業集積とはあたかも大企業のなかの様々な障壁を取り払ったものと考えることができ，特化した中小企業同士の強力な分業体制である。原料の共同購入やコンサルタントの共同利用等を行いつつも，同じニッチ市場の同業者として競争もしている。

② 合同作業及び訓練の構造

特化した製品群を生産するための熟練労働者を域内でつくる仕組みがある。域内における血縁・地縁関係により信頼できる労働力を入手できる。

③ 社会制度的な深さと厚さ

地域的利害関係を代表したり，協力関係を維持したり，紛争解決を図ったりするための域内の様々な社会制度が存在する。そういった社会制度は信頼度を向上させ，企業文化の共有，そして共通の地域アイデンティティを創り出す。

④　産業的社会状況或いは社会環境

　企業間関係に留まらず，地域が知識創造，革新性，企業家精神の発露，情報発信の場として機能している。

　個人主義や不信といったものは，協力的なビジネス文化と信頼関係に置きかえられ，様々なネットワークが形成される。産業集積は共同脳として機能し，経験やノウハウはネットワークの隅々まで浸透する。こういった機能は産業集積の社会的環境として，日常的な対人接触のなかに息づいている。そのような社会的環境がいかに形成・維持されてきたかについては，これまであまり明示されてこなかった。しかし，それでは地域政策として産業集積を考える場合には不完全である。産業集積の種或いは苗床としての企業やネットワークが地域に根づくかどうかは土壌によるわけである。そこで，以下では中央イタリアトスカーナ州のシエナを取り上げ，コミュニティの場がいかに形成され維持されてきているかを考える。

3 ●中央イタリアの小都市シエナ

　稲垣（1999），は，イタリアの産業集積はコムーネ（日本の市町村に相当）を単位として発展してきた点に着目し，中央イタリアではコムーネの自立性と独立性が伝統的に強く，コムーネに対する帰属意識が強いことを述べている。そして，そういった意識が産業集積内のネットワークの協調性を生み，産業活性化に寄与していると述べている。

　イタリアにおいてコムーネは基礎自治体を意味する。宗田（2000）の整理によれば，以下の4点にまとめることができる。
① 　基礎自治体である市町村を，その規模による区別なく総称する意味で，住民・行政区域・行政権限の三者一体としての自治体を指している。
② 　行政組織体としての市町村，或いはその収まっている建物としての役所。
③ 　中世の都市国家，自治（自由）都市，或いはそれらを起源とする歴史的建造物としての市庁舎の意味。
④ 　中世同業組合の商人・職人等の集団をあらわす意味。
　中世都市との関連を議論しておく必要がある。③と④が①となった背景を歴

史的にみると，イタリア中・北部の中世都市国家は，10世紀頃から力を持った商人・職人組織が，都市を単位とする地域共同体としての自由都市を興したものである。その後，商工業の発展とともに地方小貴族と協力して，自立都市が形成されていった。そういった都市国家は潜主制貴族に支配された公国となり，一部は教会に併合された。イタリアは分散した都市国家の集合体としては存在していたが，イタリアという国家の形成は遅れた。

商人・貴族の支配による伝統的な地方自治と，自律的な地域経済・文化を基礎とする中世都市国家の上にイタリアの統一が行われた。このため共和国憲法における近代的な州制度とコムーネ制度が併存している。コムーネは，現在では人口400人から300万人の規模の差があるにも関わらず，同格なのである。

「イタリア人のイメージ」というキーワードでインターネット検索を行うと興味深い検索結果が出てくる。検索結果のほとんどは，日本人のもっているイタリア人のイメージと自分の実体験がいかに異なっていたかという話題であることに気づく。ランベッリ（1997）は，イタリアとイタリア人に対するステレオタイプの両義性を議論している。快楽的・享楽的である一方，F1で常勝するフェラーリを作る技術をもち，G7に入る産業大国である国に対してもつ常識の矛盾を突いている。中央イタリアのトスカーナ州にあるシエナはヨーロッパ諸国からフィレンツェを通過してローマに入る街道の主要拠点であった[5]。フィレンツェでメディチ家が勃興してトスカーナを平定するまで，フィレンツェと拮抗した都市である。黒死病により人口が減少した時を除くと，6万人弱の人口を中世から現代に至るまで擁してきた。13世紀には都市化が進行し，様々な問題を解決するために，都市条例が作られた。特にシエナでは1262年から，街路・広場・市場・堀・橋等の公共空間の維持・管理・修繕・飲料水の管理・家畜や荷車等交通機関の規制が始まったが，これはローマにおけるそういった条例が1280年施行されるのに先駆けて行われた最古の都市条例である。また，1291年シエナには，建物の過密化を背景として建物の高さ，幅，色の規制といった景観条例が施行され，都市整備が進んだ。

イタリアの中世都市は，広場とそれに面して建築された市庁舎，大聖堂と教区教会そして年を取り囲む城壁をそのおもな視覚的中心としていた。広場は市場，宗教行事，カーニバル等の祝祭，見世物，処刑場，集会場であった。また，泉が設けられ，水資源の供給は都市当局の重要な問題であり，公共の泉はしば

しばコムーネの自治的権力の象徴であった。

　シエナはコムーネであり，13世紀には，大聖堂をもつチッタ区，ローマに通じるローマ門をもつサン・マルティーノ区，フィレンツェに通じるカモッリア門をもつカモッリア区の3区にわかれていた。この3区を母体にして予備軍が組織され，行政及び生活の中心となっていた。この3区はさらに細分化され，現在では全部で17のコントラーダ（街区町内会）となっている。コントラーダは自治の最小単位であり，独自の教会，集会所そして博物館をもっており，シンボル旗とシンボルカラー，モットー，コントラーダ歌，守護聖人をもっている。このコントラーダの機能は単なる町内会を超え，コミュニティ・ビジネスそのものといえる[6]。

3-1　コミュニティ・ビジネスの担い手：コントラーダ[7]

　14世紀前半，シエナは政治的そして経済的にも繁栄と勢力の頂点を極めた。コントラーダの結束力が強まる秘訣が誕生し始めたのもこの頃からであり，コミュニティスキルの蓄積が始まった。多くの共和国が誕生していたこの頃のシエナは，政治・経済的にも調和のとれたよい状態に向かっていた。

　1277年，9人の執政官（ノーヴェ）によって政治が遂行される「9執政官政治」共和制システムとともに様々な制度が発達した。当時のシエナの共和制政治のスタイルは，それまでにないモダンなもので，斬新的なものであった。この政治を司る9人の執政官は，任期中はプブリコ宮（行政官庁）から出ることができない仕組みであった。行政官庁を出ることによって，個人的または家族絡みの事情より生じる利害関係のコネクションが生まれることを防ぐためである。シエナの市民（ポポロ）のために働くことのみに集中することが強制されるシステムであった。

　その後，フランスやスペイン，そして法王による勢力争いによって小さなイタリアの都市が征服されていくなかで，それまでのシエナの栄華は衰退の影をみせ始めた。やがてシエナは貴族達によって支配されるようになった。この時代のシエナ市民は，「私は何々家に属す」という意識のもとに本人のアイデンティティを確認していた。これらの貴族社会をベースとしたコミュニティの維持方法は，ローマ時代のコロッセオから存在するスタイルと同様，貴族達が民衆

に娯楽を提供することであった。これは，自分のテリトリーに属しているという自尊心を植えつけるとともに，貴族が所有するテリトリーの民衆の様々な不満のガス抜きをするためであった。

それが個人単位の競技からグループ単位で行う地区対抗戦の競技を楽しむようになり，個人としてのアイデンティティをもつのではなく，「自分はこの地区に属するものである」という地域に帰属したアイデンティティという自尊心をもつようになった。そして，シエナは小さな区分に分けられるようになった。各地区には貴族によって建てられた教会があり，その界隈で生活を送る民衆の交流の場として機能していた。現在のような娯楽がない当時には教会を中心に色々な競技が開催され，民衆がそこに集まる習慣ができ，その地区に帰属する特別意識が備わってきた。

様々な社交的クラブが連帯意識向上のために作られ，社会事業に必要な資金集めに利用されるようになった。コントラーダにおいて人々は日常的に集い，文化，スポーツ，音楽会等を楽しみ，ボランティア活動を行い，婦人会，青年会，子供会と重層的なクラブ組織が存立し，地域交流の基盤となるコミュニティ・ビジネスが展開されてきた。街路にテーブルと椅子をおき，時には数千の人間が一同に会する夕食会のメニューもコントラーダ独自のものであり，コントラーダ同士の競争の対象である。

コントラーダに所属するということは，必然的にそのコントラーダに生まれたからコントラーダに忠誠を尽くすべきという概念であり，そこで生活を送る上での様々なグループ（職種，主婦サークル等）の枠を超えた，同じコントラーダ同士であるという共通認識のもとに町の結束力が構成されていった。そして，他のコントラーダへの対抗意識から，結束力が高まりを見せるようになった。この頃から，自分のコントラーダは他のコントラーダより優れているという意識の表現活動が始まった。

はじめは，山車による行進パレードによってどのコントラーダが一番優れているかを競うことになった。当時のシエナ人にとっての最高のファンタジーは，動物を連想することであった。自分たちのコントラーダこそがより華麗でより優れているということをファンタジーのキャラクターを用いて競い始めた。そして，それぞれのコントラーダの行進の山車とともにねりあるく人々の衣装の色は，コントラーダのシンボルに使用されているものとなり，この頃からコン

トラーダごとの統一カラーが成立したと考えられる[8]。

　コントラーダ同士には敵国意識と親睦関係が存在し，昔から続くものもあれば最近生まれたものもある。敵対関係には，1700年代から続く古いものや，最近のものとしては，1961年からのチベッタ対レオコルノがあげられる。原因は市民間の口論という単純なものもあり，よく隣のテリトリーとの関係で起こっている。また，お互いに敵・味方をもたないコントラーダがある。さらに，場合によっては敵の認識は一方的なもので，片方は他方を敵と思っていても，相手がそうは思っていない場合もあり，コントラーダ間の関係を複雑なものとしている。相互の関係は結局，味方，友好，中立，相互に敵，一方的に敵対のどれかになる。ちなみに相互に敵対的なコントラーダは17の内14ある。

　どのコントラーダがより華麗でより優れているかという行進での競演の後，どのコントラーダが勇敢であるかという力を競うゲームが展開された。例えば，カンポ広場にテーブルが並べられ，コントラーダごとにテーブルについて食事をするわけだが，そこに雄牛が放たれ，どのコントラーダが最後までテーブルに着いていられたかのような肝試しが企画されたのである。そのような様々な競技が展開されてきたなかで，何世紀にも渡って皆に最も支持されたのが，競馬（パリオ）である。この時代は，馬の頭にコントラーダのシンボルマークをつけて，騎手なしのレースが行われていた。この7月のパリオで優勝したコントラーダが次回のパリオを運営する権限をもっていた。パリオを運営することになったコントラーダが以前のコントラーダよりもよりよいものにしようという意思の下に，優勝コントラーダはさらに一致団結するわけである。

　優勝コントラーダにはチェンチョ（デザインされた絹布）が賞品として渡されるようになった。チェンチョには，マドンナの姿が描かれた。本来，シエナ人は宗教には関心が薄い。しかし，1260年のフィレンツェとの戦いで圧倒的不利にも関わらず勝利したことが，聖母マドンナの加護であると考えていた。また，1348年の黒死病で多くの人が死亡し，政治，経済，すべての富が崩壊していった。そのような状況下で唯一残された事は，祈ることであった。暗黒のペストの時代が過ぎ去ったことを，シエナ人は「聖母マドンナのご加護である」と信じ，都市の守り神としてマドンナを崇めるようになった。このため，シエナ人はよく教会に足を運ぶが，聖なる信仰心の厚さの表れとは少々異なる。

　この時代，食べるものにも苦労した貧しいシエナの人々にとって，コントラ

ーダの存在は，メンバーにアイデンティティを与えた。彼らは「自分達はその組織のなかの一部の役割を担っている大事な存在である」というプライドをもつことを可能にした。貴族たちによって建てられた教会が沢山あったので，教会はみなが集うサークルの場となっていた。そこに通うことで，自分がある役割を果すことの可能性を得て，アイデンティティを表現することができたのである。

3-2　パリオのしきたり

　現在行われている形式のパリオは1721年から行われている形式であり，全8章105条のパリオ条例により規定されている。1年かけて行われるパリオだが，そのクライマックスは7月2日の聖母マリア訪問祈念，8月15日の聖母被昇天祈念に行われる縦長の絹旗のみが賞品の競馬である。条例によりパリオを賭の対象にすることは禁止されており，優勝の栄誉はこの旗と名誉のみである。中世のイタリアの多くの都市においてパリオのような競馬はごく普通に行われていた記録があるが，現存するものはシエナのパリオがほぼ唯一といってよい。観光行事という誤解があるが，「パリオはわれわれのものだ」というのがシエナ人の共通した意識であり，無料でみられる場所では公然と観光客を押しのける行為さえ行われているのを目撃することがある。カンポ広場と呼ばれる9枚の三角形を貼り合わせた貝殻型広場の外周に土を敷いたコース作り，そのコースをたった3周するだけもので，実際のレース自体は数分で終わってしまう競馬である。しかし，この競馬はコミュニティ維持において重要な意味を持ち，単なるお祭りのイベントでは片づけることができない。パリオ自体は数分でも，そのための準備は一年をかけて全町内会により行われ，それがさかのぼれば13世紀から継続されてきた点が重要である。

　競馬は17のコントラーダから選ばれた10のコントラーダの競争である。前年度に7コントラーダがくじで決まり，当年度に3コントラーダが選ばれる。したがって，7コントラーダは1年間の準備期間があるが，残り3コントラーダは3週間しか準備期間がない。このシステムが年2回のパリオそれぞれ独立に行われる。競走中のムチによる殴り合いや進路妨害が公然と認められている激しい競馬でもある。馬の頭につけたコントラーダのシンボルマークを落とさず

にゴールを切った「馬」が優勝する。つまり，騎手が落馬してもかまわないわけで，過去に騎手なしで優勝したことがある。シエナには，イタリアで唯一の馬専用の救急車があるほどである。

　このように馬が重要な競馬であるが，馬をコントラーダがもっているわけではなく，レースごとに20頭前後のレースに出場する馬の候補が集められ，獣医の検査の後に，試走が行われる。この試走で，出場するコントラーダの担当者であるカピターノ達が，出場する馬を選択する。傾斜のある貝殻型のお椀を伏せたようなコースを時計回りに走り，鞍もなく，騎手同士は鞭で殴り合うことが許される競馬では，様々な馬の能力が要求される。最終的に選ばれた10頭は，さらにくじ引きで出場するコントラーダに振り分けられる。この時点で各コントラーダはどのような馬に当たったかがわかる。馬は各コントラーダの教会に運ばれ，他のコントラーダから妨害を受けないように隔離される。さらにパリオの前には試し試合が，ほぼ実際の競馬形式で6回行われ，馬や騎手の調子が測られる。

　実は，馬が配分されてからが，各カピターノの本当の仕事となる。まず，早い馬に当たったコントラーダは，当然のことながら優勝を目指して，優秀な騎手を探す。このため，騎手は必ずしもシエナ人でないことの方が多い。一方，遅い馬に当たったところは，諦めてあまり優秀でない騎手で済ますこともできる。それほどでもない馬に当たったコントラーダは，勝つ可能性を信じれば優秀な騎手を探すが，もし敵のコントラーダに早い馬が当たった場合には，敵の優勝を阻止するためだけに百戦錬磨の狡猾な騎手を探すこともある。さらに，騎手が決まった後でも，敵の騎手の買収や他のコントラーダとの結託等が水面下で行われる。

　そしてこういった権謀術策は，10のレース出場コントラーダ同士のみならず，出場しない他のコントラーダもコントラーダ間の敵味方関係により参加してくるので，ほぼ全コントラーダが何らかの参加をすることとなる。また，コントラーダ同士のみならず，コントラーダと騎手，騎手同士の交渉が行われ，金銭授受，過去の融通に対する支払い行為，将来の出来事に対する約束，じゃまをしないで中立性を保つ約束，結託してじゃまをする約束等，様々な一時的な同盟そして同盟破りの提案が行われるわけである。

　コントラーダ同士の権謀術策が可能なのはパリオのスタートの方法も影響し

ている。試合直前に決まった順に2本のロープ内に9頭，その後ろに1頭が位置する。スタート前に9頭がきちんと並ぶまでは，騎手同士が様々なコントラーダや騎手からの提案を前提として打ち合わせができる時間である。騎手同士も結託することがあり，場合によっては試合後に制裁される騎手もいる。きちんと並んだことが確認された後，後ろの1頭は出発する機会をはかることができる。このため，相撲のしきりのように何度かスタート準備が繰り返されることになる。勝利したコントラーダは，賞品の旗とともに馬ごと大聖堂までパレードを行う。そして，翌年のパリオまでは，そのコントラーダの天下となるわけである。

3-3　コントラーダのガバナンス

　コントラーダのリーダーは，各コントラーダには3人の重要な責任者と1人の重要な役割を果す人間がいる。「PRIOREプリオーレ」と呼ばれているコントラーダの町内会長，「CAMARLENGOカマルレンゴ」と呼ばれる財務担当者で資金管理する人（地区に住む人への援助，プレゼント，衣装の調達，パリオの行進の必要資金を調達する等，すべての資金繰りをする人），「NOVIZIノビッツィ」といわれるコントラーダ内の一致団結間を図るために企画運営，そして新しい会員を募集するする人である。さらに「CAPITANOカピターノ」と呼ばれる，パリオのレース（戦場）のみに携わる人（勝つことのみを考える人）が加わり，計4人の重要人物がコントラーダを運営していくことになっている。

　通常，「PRIOREプリオーレ」「CAMARLENGOカマルレンゴ」「NOVIZIノビッツィ」の3人が年間を通じた日々のコントラーダの運営を担当するのに比べて，「CAPITANOカピターノ」はパリオの時期が到来した時のみすべての権限を発揮する。3人が1年かけて徴収した予算を，「CAPITANOカピターノ」は，ほぼすべて消費することになる。カピターノが細かい経費を心配しているようでは，パリオは滞ってしまうので，彼はその「戦争」に勝つことのみに集中するわけである。その予算は，自分の騎手を雇い，敵の騎手を買収操作するために使われるわけであるが，より予算をつぎ込むことによって優勝への諸条件を整えることができ，それがコントラーダの冨につながるというわけである。この「CAPITANOカピターノ」の存在こそが，パリオに付加価値をつけ，パリオは

特別化されたものとなっているのである。もし彼の存在がなかったとしたら，パリオとコントラーダの特色は薄まってしまう「CAPITANOカピターノ」はパリオのコースのみに携わる，これは長い間パリオの伝統が引継がれている秘訣のひとつである。

　コントラーダは地区であるから，メンバーになるのは，その地区で生まれた人間であることが原則である。民衆は本能的に自分とコントラーダとの絆を信じているので，コントラーダを移るということにタブー的な意識をもっている。

　しかし，シエナの人口構成は高齢化しており，若い世代の住居が不足している。また，世界遺産に登録されたことから増改築や再開発は困難である。このため，郊外化が起こっており，シエナ市内のコントラーダの存立が困難になったことを反映して，城壁外に住宅開発をしたり，郊外に住んでいても血縁によるメンバーを受け入れたり，外部からのメンバーを受け入れたりすることが行われている。しかし，基本的には，そこで生まれ，そこで育つことが重要である。シエナ人はその地区を他の地区より素晴らしいものにするという使命感をもっているので誰かが作り上げたものをどこかに探しに行くのではなく，自分達で築き上げていくという使命感があるゆえに，他のコントラーダに移るということは少ない。

　1894年，コントラーダが抱える共通の問題とともに協議していくために，「マジストラーレ・デル・コントラーダ」と呼ばれる協議会が創立され，月に1度，集会がもたれている。しかし，シエナのパリオのイメージの流用が外部にみられるようになってからは権限を持った実態のある協会の設立の必要性が出てきた。1980年，「CONSORZIO PER TUTELA DEL PALIO DI SIENA」と呼ばれる協会が新たに設立された。コントラーダの仕組み等の質問，動物愛護団体からくる競馬にまつわる抗議への回答等，コントラーダに関わる総合的な問題に協会として対応していくものであり，過去20年間，コントラーダのイメージの流用の監視，阻止するという機能を果たしてきている。

　以前，飲料水のメーカー「ゲートウェイ」は，カタツムリのコントラーダ（ギオッチョラ）のシンボルであるカタツムリを使用した。1度，外に出てしまったシンボルは監視していくのが難しい。現在のプリオーレのなかには大手企業の経験者が多く，コントラーダのシンボルの特許権の登録化を思いついた。そして，17のコントラーダのすべての色，そして色のコンビネーション等を登

録し，現在ではコントラーダのシンボルマークは法的に管理されることになった。外部でこのシンボルを使われた場合，損害賠償を求めることができる。

石油会社「シェル」は，コントラーダの商標が法的に登録されて間もなく，貝殻のコントラーダ（ニッキョ）のコントラーダに対して，メーカーが貝のマークをこれからも使用し続けてよいかどうかの問い合わせをしてきた。なぜなら，「シンボルの保護に対する法の行使は，過去に存在するものにも該当する」という内容になっているからである。

今までパリオについて多くが語られてきたが，間違った形で流布されたケースも沢山ある。そのため，協会は外部での商標マークの使用を監視していくだけではなく，パリオのシンボル，そしてイメージ，内容を正しい形で伝えていく役割を担っている。

1970年代中頃に，シエナと姉妹都市の提携があるフランスの都市アヴィニョンにコントラーダを送り込んだこともある。しかし，本来の趣旨とは異なり，商業的広告として用いられたような結果となった。この経験の後は，基本的にシエナからは出ないことになった。

シエナのパリオの取材には許可が必要なのも，事実にもとづいた内容の報道を求めるからである。日本のテレビ局がパリオの撮影を行ったが，放映の許可を求めてビデオを持参してきたので，公に放映される前に，放送が正しいかどうかを確認するために，2582ユーロほどの諸経費を請求したことがある。実働に対する料金であって，協会の活動維持費に当てられる。しかし，こういった活動は多く，得られる経費より負担が多いというのが現状である。

3-4　コントラーダのファイナンス

コントラーダは，パリオを実行するために文化的事業，スポーツ的事業を通じて資金集めを行っている。そこで徴収された資金は町のために使われるのではなく，いかにコントラーダを表現していくかというところ，パリオ中心に注ぎ込まれる。

戦前はコントラーダ自体には財産がなかった。多くの場合，貴族によってパリオの歴史的資産の保存の継承が保証されていた。戦後，貴族制度がなくなるなかで，歴史を守っていくために，博物館をつくり，コントラーダで管理して

いくことになった。パリオを世代間で伝承していくためにも，しまい込んでいたものすべてを積極的に博物館に展示していくことが必要である。コントラーダのメンバーには，いつも博物館が開放されており，パリオのときは一般にも公開される。小さなコントラーダでも保有している財産は400万ユーロ弱とかなりの額を所有している。かなり緻密に修復された美術作品が最高の形で博物館に飾られている。これらの資産にはかなりの値打ちがある。

コントラーダは基本的に税金を払う必要がない。ボランティア活動と同様，営利を目的としてないという点から税金を免除されている。コントラーダのために夕食会等を企画して得た利益も，ほとんどはパリオのレースにつぎ込まれることになる。イタリアがひとつの国家として統一される以前から，シエナのパリオが存在しており，イタリア憲法が地方自治を尊重しているからである。コントラーダの活動の場という理由で博物館，集会所，そして倉庫等の不動産は非課税対象となっている。

各コントラーダには集会所があり，そのなかには喫茶店兼居酒屋のバールやレストラン機能があり，交流の場として使用されている。こういった飲食関連の活動は課税の対象となり，一般の飲食店同様，保険や食品衛生等種々コントロールの対象にもなっている。しかし，多くの場合，LIBRETTO DI LABORO（労働者の労働経歴等を記述するための手帳）やLIBETTO DI SANITARIO（衛生手帳）を保持してなく，衛生の講習も受けていないのが現状であり，このような状態を維持していくことに問題を抱えている。だが，その他の集会所での活動はコントラーダの機関の一部として機能するものであって，ボランティアでまかなわれているこれらの活動は免税の対象である。

コントラーダがパリオに関する助成金を政府に申請することはない。しかし，コントラーダは，すべてのコントラーダ地区に歴史的遺産物が存在していることから，歴史的遺産物の修復費という名目で政府から助成金を得ている。コントラーダが高品質な状態でこういったオペラ（作品）の保存を行うことから，歴史的遺産物の修復に投下された資金は相当な額になっており，建物や衣装等コントラーダの財産がシエナを豊かにしている。

外部収入のなかでも，金額的に大きなものとしては，イタリアの国立テレビ局とのパリオの独占的放映権の契約金がある。

シエナは中世において金融業が発達していた。世界で最古の市中銀行である

というモンテ・ディ・パスキ銀行が現存すると同時に，モンテ・ディ・パスキ財団があり，これらの機関からはコントラーダの保護を目的とした助成金が支払われている。銀行側からは各コントラーダに対して，年間１万ユーロの枠の融資がある。モンテ・ディ・パスキ財団からはもう少し額があがり，この２つの機関の融資を合わせると２万５千ユーロ強の融資枠を各コントラーダは同じ条件でもっている。

コントラーダのプリオーレはコントラーダを豊かにするために働きかけるという点では，市長のような役割を果すが，街灯をかえる等日常のコントラーダを管理するのは行政の仕事である。コントラーダの生活に関してはシエナ市の管轄となる。

シエナは小さな都市である。その小さな都市をさらに17にも分けることは大袈裟なように見えるが，もし，区域が広かったら，現状の意味合いは完全に違ったものになった可能性が高い。17に区切られた単位ごとに何かを管理していくのは難しい。それ故，各メンバーが物事を遂行していくための負荷がかけられていく。小さいながらも，各メンバーが何とかして成功に運んでいく，これが地区を豊かにしていく秘訣となっている。そして大事なのは，他のコントラーダに対して挑戦的な意識があることである。「俺は何々コントラーダ，一番優れているコントラーダだ」ということである。

大きなことをやりとげようという時，例えばチベッタは小さなコントラーダであるが故に，各メンバーにかかる負担が大きい。しかし，沢山のことに恵まれていたら，今ほどの努力の必要性がなく，結果はありきたりのものになってしまうかもしれない。小さな規模のコントラーダということで資金力の不足から不具合を感じることはあるが，かえってその分，各メンバーの能力が引き出されるというメリットがある。異質性も重要である。違ったキャラクターをもつ人が一緒に存在することはコントラーダの力を強める。相手からアイデアを得たり，自分がアイデアを提供したりと，お互いの違いを認めた上で融合していくところに，コントラーダが豊かになっていく強みがある。

逆に，欠点としては，あまりにもコントラーダの結束が強いが故に，井の中の蛙になってしまうということである。自分達のコントラーダがもっている統一感があまりにも強すぎるために「イタリアとは，ヨーロッパとは，そして世界は何なのか」ということに関心が薄くなることである。

「CAPITANOカピターノ」はパリオのレースが開催される7月と8月の各月の4日間のみ，コントラーダの指揮をとるが，万が一の場合（カピターノの病気や不幸等による不在の場合）は，プリオーレが指揮をとることもある。しかし，その逆はあり得ない。

パリオが近づく頃，小さなコントラーダであるチベッタのチェーナ（夕食会で，年に1度，6月にコントラーダメンバーがともにする食事）には500人が集まり，パリオの試走レースの時期には招待客を含めおよそ千人もの人が集まる。優勝した後の夕食会はその倍にふくれあがる。

日常的には200人もの人がコントラーダに通い，そのなかでも約40人がコントラーダの組織を固めるために動いている。この40人により企画運営される年間の活動行事を通じて，コントラーダが結束されていく。組織は大きく2つのグループに分けられ，パリオを管轄するグループとバールやイベントやショー等のコントラーダのメンバーにリクリエーションを提供するグループである。

コントラーダでは，誰がお金を管理するか，誰が部屋を掃除するか，誰が夕食会を企画実行するか，沢山の家財や不動産，博物館，テーブル，椅子，衣装，旗，小太鼓等，すべてのものを自ら管理する必要がある。

チベッタの場合は，プリオーレを助けるために，3人のヴィカーリ（代理者）と呼ばれる人が就いている。各コントラーダによって体制が少しずつ異なるが，9執政官政治の共和制があった頃から変わらずに，コントラーダの代表者の人選は選挙によるものである。

よい功績を残した人は長い任務につくこともあり，それぞれのコントラーダによって特に決まりはないが，2～4年の任期で内部の組織の再編成がある。

確かに，以前は，貴族がコントラーダを統率する力をもっていた。これは，コントラーダの代表者として，文化的水準の高い教養の資質が必要とされていたことに加え，彼らには富があったからである。したがって，資金力をもつ貴族のみがコントラーダを運営することができた。しかし，現在では，これらの貴族の家系は存在しているが，次第に貴族の重要性は消え去り，一般人の文化・教養のレベルも上がり，経済的にも貴族に頼ることなく資金調達ができるようになった。近年では，コントラーダは一般人のなかから代表者の人選をするようになった。

過去からのパリオの関連品はそれぞれの貴族の家に管理されていた。貴族は，

彼らのよきパリオの功績を保存しようと，衣装やドキュメント等の関連品等を貯蔵し，博物館や美術館を生み出した。現在残っているパリオの遺品の数々はそれらの貴族のお陰でもある。しかし，一時，彼らはそれらを売り出したためにイタリアやヨーロッパのアンティークの店では沢山の1700年代のパリオの関連品が見つかっている。貴族社会が崩壊した現在，かつて貴族が所有していたコントラーダ関連の品々を，コントラーダが管理していくことになった。現在はコントラーダが独自の博物館を維持することにより，「これはわれわれの遺産だ」という自負心を抱くようになった。21世紀の今日，グローバル化のなかで地域との結びつきの強さの重要性をより目に見える形で伝えていく必要がある。博物館にはコントラーダの歴史が見て取れる。

3-5　日本のイエとムラと近代化との関連

　イタリア固有の文化伝統という観点からコムーネをみると，わが国のイエやムラという概念に通じるものがある
　近代化は産業化であった。産業化が発展していくためには，市場メカニズム，議会制民主主義が必要であり，伝統的共同体的集団の崩壊が必須であるという考えができる。しかし，発展には多様な形態があり得る。産業化は，各国独自の前産業化社会をひきずりながら枝わかれする。
　村上泰亮（1984）は，「遺伝型としてのイエ」という概念で日本社会の伝統文化を表現した。日本社会固有の文化伝統を11世紀の東国の武士のイエにさかのぼる。当時の東国は辺境であり，中央王朝の支配はおよばず，国家運営には軍事自衛力をもちながら，緊密に組織された集団によってなされていた。農耕，そのための灌漑という経営能力と軍事自衛という統治能力を必要としていた組織は，機能的な階級組織をもち，業績中心の運営をせざるをえず，単なる血縁原理では立ちゆかない。こういった性格を持った社会集団を「遺伝型としてのイエ」と呼び，以下のような特徴をもつ。

① 　縁約性（縁と契約の造語）
　　いったん集団に帰属すると終生その集団に属すことをさす。
② 　系譜性
　　集団の長の地位が，ひとつの直系にそって，親から子（養子）へと継続し，

アイデンティティを確立する。
③　機能的階級制
集団の全成員が，主として軍事機能における役割によって階級的に序列化されている。また階級化が集団内の凝集性を損なわないような配慮がなされていた。
④　自立性
イエは，生活必需品の自給力のみならず，自衛力，警察力，司法権を含めた自立性をもっている。

そして，日本の近代化のなかでこれらの特性は次のように変異していった。
①'　縁約性
終身雇用。新卒優先という養子縁組。
②'　系譜性
企業は永遠であるという傾向。解散や解雇を避ける傾向。
③'　機能的階統制
年功序列制や職務間流動性をたかめ，職務的階級制の固定化を防ぐ。
④'　自立性
社内福祉制度，社内レジャー活動，社宅提供，労働組合の企業別化。

遺伝型としてのイエが日本型社会或いは日本型経営にみごとに変身したわけである。

近代化は，産業化の要請と固有の文化伝統とのすり合わせである。新しい産業化が生起すると，それに適応するために社会が変容する。しかし，その変容は固有の文化伝統を所与として，異なったものとなる。

明治憲法において，イエやムラの伝統は意識的に排除された。法律学者の保住八束が明治憲法を伝統的共同体の精神で解釈しようとしたが，伊藤博文は反対したとある。イタリアの憲法がコムーネの自治を前提にしているのとは好対照である。強固な伝統も近代化という力には抗しきれない場合があることを意味する。

3-6　万華鏡のシエナ：和解と闘争

　シエナの社会均衡は，万華鏡の様相を呈する。万華鏡を振った後に万華鏡を覗いたときに現れる模様は複雑で2度と同じものとなることはないように，常に新しくかつ美しい社会均衡を生む仕組みがあり，それがコミュニティを維持している。それは単なる「なかよし」の集合体ではない。それはDundes＆Falassi（1975）がいうように，シエナは毎年の繰り返しとして，イタリア語でリナシメント，フランス語でルネッサンスそして日本語でいう再生誕を行っていると解釈できる。

　ドゥ・ヴァール（1993）は，「和解」の研究を霊長類観察により行った。霊長類は群れで生活しているが，多くの場合社会的安定状況を維持している。しかし，競争は存在し，競争（攻撃）の結果は，許容するか和解するかによってしのいでいる。社会行動を集団レベルでみると，自己利益よりも集団利益を優先する種は自然淘汰により除かれていく，つまり社会に対する貢献は直接・間接に最終的には貢献する者に何らかのメリットをもたらさねばならない。

　人間社会は，反発力と親和力の相互作用の上になりたっている。例えば鰯は親和力によってのみ結びつき問題なく泳いでいるが，社会構造はない。人間が，高度社会的な多様性，役割分担，協調を手に入れているのは，その集合性が内的な競争によって拮抗しているからである。個体は，他者との競争のなかでこそ，自らの社会的立場を認識する。各個人が自分のアイデンティティを持ち得る世界と，個体がお互いの利益を求めて戦わない世界を両立させることはできない。攻撃性は相互協力を促進する可能性をもっている。和解には，第三者の仲介，偶然にまかせる，わざと欺瞞にはまるという方法がある。敵対的関係を解決する大前提は，明確な勝利者が現れることである。チンパンジーの雄は内部で激しく争い，攻撃と和解をくりかえすためには柔軟なネットワークを必要とする。外部集団間の戦いの場合には共闘するための相互連係を必要とするからである。内部・外部に限らず，共通の敵が意見の不一致を克服する。場合によっては自分でわざと敵を作ることも必要となるわけである。

　パリオを中心とするコントラーダのあり方をみれば，それはマフィア型コミットメントとみることも可能である。しかし，一方で，コントラーダのみでは生きていけない。生活空間に根ざしながらの社会的知性の訓練場所であると考

える方が適当であろう。パリオのしきたりは，意図的な不確実性を大きくしている。レース出場可能な10コントラーダの決定は1年前から決まっている7コントラーダと3週間前に決まる3コントラーダという手間をかけ，コントラーダの馬もくじで決まる。そしてレース自体もムチでなぐりあうことができる格闘技であり，旗手同士が結託することもあるという単純な速さを競うものではない。そして，それゆえに敵・味方のコントラーダは，戦術，共謀，結託の権謀術策の限りをつくす。そういった意図的かつ限定された闘争，和解や結託が，コミュニティの凝集性の向上をもたらしている。コントラーダ同士の強烈な競争心が，シエナ人としてのアイデンティティを確固としたものにしている。

　シエナの誰かと話す時には，まず自動的にどのコントラーダの人間かということが浮かぶ。最近では，実際に地区内に生活していない人，またはシエナに生まれてもコントラーダに関心がまったくないという人もいるが，土地に帰属していることの潜在的な価値観は存在している。生まれた地区を豊かにしていくために他の仲間とともに働きかける，という連帯感がコントラーダ人に成長していく。今でもシエナの人たちは，「どこのコントラーダメンバーか」と尋ねる習慣がある。日本人が，「私は日本人だ」というアイデンティをもつのに比べて，シエナの人は，「私はイタリア人だ」という以前に，「私は何々コントラーダ出身だ」という意識が先にあり，そして，シエナ人，トスカーナ人，イタリア人と優先順位が移っていくのである。

　シエナのパリオは自然に観光客の増加をもたらした。この現象に着目し他の地域や町の活性化と経済効果をねらい，ここ20年の間に300ものパリオと呼ばれる中世をモチーフとした催し物が生まれた。なかにはシエナよりも上等な衣装が使われているものもあるかもしれない。だが，大きな違いは，シエナのパリオは600年に渡って引継がれ，その歳月のなかには沢山のものが築き上げられてきたという点である。ここ20年の間に作られたものは，あえて中世との関係性を模索しようとしているが，完成された形がシエナに存在する以上，維持するのは困難であろう。シエナのパリオのように，継承され続けてきたものと，他の催し物にみられる，企画されたものとの間には大きな差がある。観光客が来なくなった途端にこれらの行事は消え去るであろうが，シエナのパリオは観光客や経済状況に関わらず続いていく。シエナ人にとって，パリオの準備に関わること，数百或いは千の単位のテーブルセッティングすること，レースの準備

をすること，催し物を行うこと等は当たり前の習慣である。

4 ●シエナのコントラーダから何を学ぶのか

　中世において，シエナがフィレンツェとの確執のなかでの最後の華々しくかつ奇跡的な勝利を得たモンテアペルティの戦いが行われたのが1260年である。14世紀にはヘゲモニーはフィレンツェに移り，シエナの定常状態が始まった。したがって，600年以上の伝統があるわけである。そういったなかで，培われてきたコミュニティスキルに学ぶところが多い。しかし，伝統がコミュニティ維持の必要条件であるとすれば，シエナのコミュニティスキルの応用範囲はあまりにも狭いこととなるが，いくつかの点からそうはならない。

　まず，伝統の創造に歴史は必要十分かという議論につながる。Hobsbawm & Ranger（1983）は，伝統は歴史的に培われたものもあれば，「創り出された」されたものもあることを明らかにしている。例えば，スコットランド人男性の着るスカート状のキルトやクラン（氏族）によるタータンチェックの柄の違いといったものが伝統的なものではないことを明らかにしている。18世紀初頭，スコットランドを征服していた英国は統治のために伝統的衣服である長い肩掛けをベルトで締めたものの着用を廃止させようとした。そうすることによって反乱の中心となっていたスコットランド高地人の生活様式を変化させ，近代社会に同化させることの役立つと考えられていたからである。だが，この廃止案は成立しなかった。

　一方，ローリンソンというスコットランドで鉄鋼業を営んでいた英国人が，そういった伝統服が溶鉱炉で働くには適していないことを不満とし，英国軍の仕立屋を呼びつけてキルトを作らせた。これは，肩掛け服を短くし，肩掛けとスカートに分離させ，スカートを別個のプリーツをつけた衣服としたものであった。この衣服は，便利で安価であることから，同時に高地人にも低地人にも受け入れられていった。さらに有名なクランごとの独自のタータンチェック柄に関しても，当初からあったわけではなく，国王の行啓を契機にウィルソン・アンド・サン商会という製造業者がロンドンの高地方教会にクランごとの基本柄を提案し，協会が認可するということが行われた。国王の行啓に際して，

各クランは争ってタータンチェックの統一を行ったというわけである。

　結局，われわれが伝統服と思ってきた，クランごとに異なるタータンチェックをもつ，キルトに身を包んだスコットランド人は，英国人実業家が作った作業服と機をみるに敏であった商会により創られた伝統であったことになる。また，キルトの起源も高地人という一部のスコットランド人にあったのである。伝統はある意味で勝者の歴史そのものであり，受容され確立してしまえば歴史も時と場合によって塗りかえられると考えることも可能である。

　さらに，コミュニティをクラブ財として考えると，コミュニティ形成によるクラブ財という局所的公共財を消費するメリットと，メンバーが増加することにより消費が阻害されるデメリットのせめぎあいで均衡が決まる。したがって，この観点からも，歴史或いは伝統が初期に必要とされるわけではない。もちろん，日本でパリオを行うことや，キルトを着用しても，意味がないことは当たり前である。しかし，何か別の伝統を創り出すアイデアを模索することには意味がある。

　関係財Relational Goodsという概念からみてみよう。人々がしばしば見返りがない場合やあっても非常に見返り少ない場合であっても高い費用が生じる供給を起こすことを説明するために関係財は導入された。つまり，そういった場合でも供給と消費が同時に行われると考えることにより合理的な説明を可能にしたのである。関係財は地域的公共財の一種であり，何人かの共同行動によってのみ生産或いは消費されるものである。関係財の効用は1人では享受できない上に，消費と生産が同時に行われることが多いことは，クラブ財とも重なる概念である。

　信頼は社会的不確実性が存在している状況でしか意味をもたないという命題1から始まる山岸（1998）の信頼分析の応用も有効である。つまり，他人に騙される目にあう可能性がまったくない状況では，信頼は必要とされない。一方で，認知資源獲得のためのコストを実生活で負担するのと非常に高価なものとなる。シエナでは，老若男女を取り込んだ上で毎年のパリオを中心にそれを行っていると考えられる。不確実異性とともに繰り返されるパリオは，コントラーダの結びつきを強化するとともに，コントラーダのメンバーである機会費用の増大を抑制する。コミュニティの場は社会的知性の醸成を促すとともに，信頼そして信頼性を共進させるのである。そして山岸（1998）の命題6「社会的

不確実性と機会コストの双方が大きい状況では，高信頼者が低信頼者よりも大きな利益を得る可能性が存在する」という身を捨ててこそ浮かぶ瀬があるという諺にも通じるものがある。

ネットコミュニティ形成という観点から，Kim（2000）はインターネット上のコミュニティ形成を議論しているが。そこで必要とされているのは，以下の9点であり，上述したシエナのパリオそしてコントラーダによるコミュニティスキルとの相似は明らかである。

① コミュニティの目的を明確に定義する。
② 柔軟で伸縮的な集合場所が必要となる。
③ 意味あるメンバーのプロフィールを作成する。
④ 役割分担を徹底する。
⑤ リーダー教育を充実する。
⑥ エチケット・マナーを徹底する。
⑦ 定期的イベントを行う。
⑧ 儀式をコミュニティライフに定着させる。
⑨ メンバーの副次的小グループ形成を促進させる。

目的を明確にし，人々の必要性に答えるコミュニティが成功する。成功するコミュニティは，なぜ自分がそれを作る必要があるのかそして誰のために作るのかをきちんと定義することが必要となる。共有する目的のもとに集まり，皆が交流を始めるとコミュニティに根が生える。そうなると，メンバーとともに発展できる小規模のインフラが必要となる。そして，お互いを知り合い，情報を更新する。それにより信頼を形成，関係を強化する。コミュニティの新たな歴史を作っている意識を育成する。また，新規メンバーの増大にともない，既メンバーをおろそかにせず，新メンバーを疎外しないことが必要である。新メンバーにはガイダンスを，既メンバーにはリーダーシップ等の機会を提供する。コミュニティリーダーは訪問者を歓迎し，新メンバーを助け，教育し，トラブル対策をする。そういったリーダー育成プログラムが必要である。コミュニティは必ず内部に問題を抱えるようになる。うまく収拾ができないとコミュニティを破壊するので，それを避けるための基本的ルールを徹底し，コミュニティ標準を育成する。そして，定期的なイベントがコミュニティの一体感を醸成する。夕食会，月次ミーティング，ロイヤリティを促進するためのイベントを振

興する。さらに，メンバーの意識を高め，一体感を醸成するための儀式を行う。創立記念等を行うことが必要となる。そして，内部に複数のサブグループを育成し，きめ細かい要求に応えることにより，混雑によるデメリットを減少させ，多様化するメンバーの要求に答えていくことが重要となる。

コミュニティ・ビジネスの場という状況を創りだすための工夫には，600年続くシエナのコントラーダにおいても，ごく新しいインターネット上のバーチャルなコミュニティにおいても共通点が多い。コミュニティ・ビジネスを成功させるためには，そういったコミュニティ・ビジネスの場をもつことが必要条件であるという認識，そしてコミュニティスキルの獲得という視点をもつことが重要である。

[注記]
1) 本研究は専修大学商学研究所の助成を受けている。商学研究所に感謝するとともに，プロジェクトメンバーならびにプロジェクトリーダーの専修大学商学部神原理助教授に感謝する。1998年から99年にかけて，専修大学の長期在外研究によりイタリア国立シエナ大学で客員教授の機会を得た，両校に感謝する。パリオ協会（CONSORZIO PER TUTELA DEL PALIO DI SIENA）広報担当のGIANFRANCO BINBI氏，エノテカトスカーナ代表のFabrizio Fini氏そして大多和聖美（通訳・翻訳）に感謝する。
　　Speciale grazie a Sig. Gianfranco Binbi e Sig. Fabrizio Fini.
2) Putnamは，Social Capitalという概念を導入した。しかし，経済理論において社会資本という言葉は，公共投資の積み上がった物理的なストックを指すことが通常である。このため，社会関係資本と呼ぶ。
3) 社会関係資本と世界銀行における貧困撲滅政策が結びついて議論されるようになったのはコミュニティの重要性が認識されたことによる。一方で，中小企業論及び地域開発政策の観点から分析された産業集積論もコミュニティの問題に収束していくと考えることが可能である。世界銀行http://www1.worldbank.org/prem/poverty/scapital/index.htmに多くの結果がある。
4) これに対して特定の相手に関する情報を利用して行う相手の信頼性の判断を情報依存的信頼と呼ぶ。
5) グランド・ツアーにおいてもシエナは重要であった。18世紀に入るまで英国での観光旅行は国内の旅にほとんど限定されており，ごく僅かの貴族達を除けば，一般に国外への旅は大きな危険をともなうものと考えられていた。この傾向は18世紀になると急激な変化を見せ，上流の家庭で子弟のエリート教育の一環として，ヨーロッパ大陸への旅行が重んじられ始められた。グランド・ツアーと称されたこの遊学の旅は，文化先進国であったイタリアやフランスを主な目的地とした。この旅行には家庭教師や時には牧師までも同行し，通常1-2年，

時には数年間にも及ぶもので，この経験は英国の若者が真のジェントルマンと見做される最低条件と考えられるようになった。このグランド・ツアーは近代ツーリズムの始まりと考えられている。このグランド・ツアーの流行の背景には18世紀英国知識階級のローマ時代への郷愁や，フランスやイタリア文化への劣等感があった。

6）コミュニティ・ビジネスをきちんと定義することは難しい。

コミュニティとは何か，ビジネスと何か，それが合体したコミュニティ・ビジネスとは何かを整理しておくことが必要である。コミュニティ・ビジネスがコミュニティに基盤をおいたビジネスであるという字義どおりの解釈をしたとしても，いわゆる地域に密着した私企業と何が違うのか，非営利団体（NPO）との関係はどうなっているのか等々と疑問は膨らむ。金子（2003）のコミュニティ・ビジネスの定義を紹介しよう。

コミュニティのなかでも，一定のルールを共有する人々の集まりを基本とし，その上で生活領域を共有するローカル・コミュニティ，関心や思いを共有するテーマ・コミュニティを考慮の対象とする。コミュニティ・ビジネスとは，ローカル或いはテーマ・コミュニティに基盤をおき，社会的な問題を解決するための活動で，以下の5つの特長をもつ。

組織に関する特徴
① ミッション性—コミュニティに貢献するというミッションをもち，その推進を第1の目的とする。
② 非営利追求性—利益最大化をめざしていない。
③ 継続的成果—具体的成果を上げ，活動が継続して行われる。

参加者に関する特徴
④ 自発的参加—活動に参加する人は自発的に参加する。
⑤ 非経済的動機による参加—活動参加者の動機は金銭的なものを第1とせず，むしろ生き甲斐，人の役に立つ喜び，コミュニティへの貢献等，非経済的（非金銭的：筆者追加）なものが主である。

広域関東圏コミュニティ・ビジネス推進協議会：関東経済局産業振興部CB・NPO推進室（2004）のとりあえずの定義は以下である。

地域の抱える課題を，地域住民（市民）が主体となって，ビジネスの手法を活用しつつ，それらを解決していく，ひとつの事業活動のこととしている。

ここで「地域の抱える課題」とは広い概念で，何らかの形で地域社会或いは地域住民の社会環境・生活レベルの向上を図ることができれば十分としている。またビジネスの手法の活用とは，このコミュニティ・ビジネスを，効率的かつ安定的・継続的に行うためのものである。このコミュニティ・ビジネスは，地域社会の活性化にも資するものである。さらに，地域住民の主体的参加からコミュニティの再生（再活性化）にも通じる。また，その活動主体には，社会貢献という満足感や，やりたいことを実行することで自己実現の満足感や生き甲斐を与える。加えて，コミュニティ・ビジネスはビジネスとして行うことから，活動する人にいくらかの収入をもたらすこともある。

こういった異なる定義をみれば，コミュニティ・ビジネスを分析単位として，安易に分析を進めと，議論の収拾がつかなくなる可能性がある。金子の定義はボランティア部門の議論に近く，協議会の定義は事業活動という機能に着目したものである。

第2章 コミュニティ・ビジネスの場

金子の定義は，いわゆる「ボランティア部門」の定義と重なる。Dollery & Wallis (2002) はボランティア部門の定義を議論している。通常，公的部門と民間部門の２部門で考える経済において取りこぼされる問題を解決する主体としての第３の部門としてボランティア部門が考えられている。社会サービスの提供者としての非営利組織を指すこともある。ところが，このボランティア部門或いは非営利組織は，その存在理由から活動範囲に至るまで捉えどころのないものである。ボランティア部門はあまりにも異質であり定義できないという意見までもある。

経済理論的には，需要と供給からのアプローチがある。供給サイドのアプローチは，社会企業家の議論であり，その存立のための補助金や減税措置，或いはその他の財政措置等の議論につながる。需要サイドからは，市場の失敗や政府の失敗から供給されない財・サービスの提供を行う組織を考えるものである。

コミュニティ・ビジネスとは何かという問題に答えるひとつの可能性は，①制度的特徴，②組織の目的，③制度的機能で定義するものである。或いは，公的部門や民間部門で提供できない財やサービスの提供者を考えると，それは市場の失敗と政府の失敗を解決する潜在的プレーヤである。そのように考えるとボランティアとの区別が困難となる。

ボランティア組織は，①正式，②自己管理，③政府から独立，④非営利分配(非ビジネス)，⑤ボランティア参加とされている。或いは，①法律的に構造的に非営利，②社会的有用サービスの提供者，③フィランソロピー収入を寄附に依存とするものもある。または，機能的定義として，①公的部門から委譲された公的サービス提供，②どの部門も提供しないサービス需要に応える，③他の部門に対し政策の方向性に影響を与えると考えるものもある。そして，①法的，②経済的，③機能的，④構造的で定義する場合もある。もちろん，ボランティア部門の失敗も存在する可能性は高いことを考えると，単に市場の失敗と政府の失敗を補うものと定義しても問題は残る。

日本法により設立される法人について，国家の干渉度が強い順に並べると，次のようになる。許可主義：民法上の公益法人（社団法人・財団法人）。認可主義：学校法人・医療法人・生活協同組合・農業協同組合・健康保険組合。認証主義：特定非営利活動法人（NPO法人）・宗教法人。準則主義：会社，中間法人，労働組合，弁護士会，中小企業等組合法にもとづく組合。コミュニティ・ビジネスが，コミュニティにウエイトを置いた場合，ビジネスにウエイトを置いた場合でどのような形態をとるかは一義的でない。特に非営利なのかビジネスであるからには何らかの営利性を認めるかという点に関しては一致したものはないのが現状である。

7）以下のシエナに関する記述は，2003年３月に行ったチベッタと呼ばれるコントラーダのプリオーレ（最高責任者）かつパリオ協会（CONSORZIO PER TUTELA DEL PALIO DI SIENA）の広報担当のGIANFRANCO BINBI氏に対して，通訳の大多和聖美女史と電子メイルで連絡をとりながら行った聞き取り調査をもとに筆者がまとめたものである。

8）各コントラーダの名称，そしてカッコ内にシンボルとシンボルカラーを記すと，ワシ（王冠と双頭の鷲，金黒青），芋虫（王冠と芋虫，黄緑青，カタツムリ（カタツムリ，赤黄青），フクロウ（王冠とフクロウ，黒赤白），ドラゴン（王冠と竜，赤緑黄），キリン（調教師とキリン，赤白），ヤマアラシ（王冠とヤマアラシ，白黒赤青），一角獣（一角獣，白橙青），雌

オオカミ（王冠とオオカミと双子，白黒橙），貝殻（王冠と貝殻，青黄赤），ガチョウ（王冠とガチョウ，白緑赤），波（王冠とイルカ，白青），豹（王冠と豹，赤青白），森（オークの木と犀，緑橙白），亀（デイジーの花と亀，黄ターコイス），搭（搭と象，赤白青），雄羊（王冠と雄羊，赤黄白）となる。

[参考文献]
生田久美子［1987］，『「わざ」から知る』東京大学出版会
池上俊一［2001］，『シエナ―夢見るゴシック都市』中公新書
石鍋真澄［1988］，『聖母の都市シエナ』吉川弘文堂
伊丹敬之他［1998］，『産業集積の本質』有斐閣
伊丹敬之他編著［2000］，『場のダイナミズムと企業』東洋経済新報社
稲垣京輔［1999］，「産地と企業」第8章，馬場康雄他編『イタリアの経済』早稲田大学出版部
ウェンガー他［2002］，『コミュニティ・オブ・プラクティス』翔泳社
大林守，エットレ・レファット［2002］，「職人企業論の可能性―イタリアの職人企業を出発点として」専修商学論集，No.74
金子郁容［2003］，「それはコミュニティから始まった」第1章，本間正明他『コミュニティ・ビジネスの時代』岩波書店
広域関東圏コミュニティ・ビジネス推進協議会：関東経済局産業振興部CB・NPO推進室［2004］，『コミュニティ・ビジネス創業マニュアル』
陣内秀信［2000］，『イタリア小さなまちの底力』講談社
ドゥ・ヴァール［1993］，『仲直り戦術』どうぶつ社
額田春華［2000］，「産業集積と場：豊かな『場』の情報が生み出す柔軟な連結」第7章，伊丹敬之他編著，前掲書［2000］
宗田好史［2000］，『にぎわいを呼ぶイタリアの街づくり』学芸出版社
村上泰亮［1984］，『新中間大衆の時代』中央公論社
山岸俊男［1998］，『信頼の構造』東京大学出版会
ファビオ・ランベッリ［1997］，『イタリア的考え方』ちくま新書，筑摩書房
レイブ＆ウェンガー［1993］，『状況に埋め込まれた学習』産業図書
A.Amin,［1994］"The Difficult Transition from Informal Economy to Marshallian Industrial District," Area, Vol.25, No.1.
G.Bcattini,［1998］, *Distretti Industriali e Made in Italy*, Bollati Boringhieri.
B.Dollery & J.Wallis,［2002］,"Economic Theories of the Voluntary Sector: a survey of Government Failure and Market Failure Approaches," University of Otago Economic Discussion Papers No.0208.
A.Dundes & A.Falassi,［1975］, *La Terra in Piazz*, University of California Press.
E.Hobsbawm & T.Ranger, eds.,［1983］, *The Invention of Tradition*,University of Cambridge Press.
A.Kim,［2000］, COMMUNITY-BUILDING ON THE WEB, http://www.naima.com/community/index.html.
OECD,［2001］, *The Well-Being of Nations*, OECD

M.Piore & Charles F.Sabel [1986], *The Second Industrial Divide: Possibilities for Prosperity*, Basic Books.
R.Putnam, [1993], *Making Democracy Work: Civic Traditions in Modern Italy*, Princeton: Princeton University Press
R.Putnam, [2000], *Bowling Alone: The Collapse and Revival of American Community*, New York: Simon and Schuster

第3章
地域商業の活性化とコミュニティ・ビジネスの役割
－TMOのまちづくり活動支援を考える－

1 ● はじめに―地域商業が抱える問題―

　日本には現在，振興組合や協同組合等の組織形態をとる商店街とそれ以外の任意組織を含めて，およそ13,000以上もの商店街が存在するといわれる[1]。そのうち中心市街地に位置する各地の商店街は，地域の商業機能をはじめとして都市の行政機能，文化機能等が一体的に集積したエリアに位置している。しかしながら，以前から多くの都市では地域商業の地盤沈下傾向が顕在化しており，それにともない，人口30万から50万人規模の都市中心部にある商店街でさえも，最近では空き店舗が目立つようになってきている。

　これには，郊外大型店の台頭，モータリゼーションの進展，消費者の行動パターンの変化等様々な外的要因があるが，加えて中小商業の経営者自体の高齢化，後継者の確保難から多様化・高度化する消費者のニーズに対応しきれなかったこと等，内的要因も決して小さくはない。

　こうした地域の中心市街地の衰退は，「まちの顔」の衰退でもあって，もはや既存の商業者のみならず，その地域で暮らし，働き，そして学ぶ市民にとっても見過ごすことのできない大きな問題となっている。これからは，商業者の集合体である商店街という組織の枠組みにとらわれず，市民参画型のまちづくりによって地域再生を図る必要がある。

　そうした背景から，今後既存の商店街組織に中心部の再活性化を委ねるのではなく，商店街と外部組織との連携が近年の方向性として注目されている。また補助金にばかり活動財源を委ねるのではなく，自立したコミュニティを形成

していくことが地域再生のカギともいえる。だからこそ今後は，コミュニティ・ビジネスが地域商業やまちづくりを考え実践するに当たって重要な役割を担うのである。

本章では，中心市街地活性化という切り口から，コミュニティ・ビジネスがなぜ今必要であるのかを考えるために，とあるまちづくり組織の活動を検証してみたい。

2 ● コミュニティ・ビジネスの活動の場としての中心市街地

コミュニティ・ビジネスとは何か。この分野の研究の第一人者ともいえる細内氏[2]によれば，「地域密着のスモール・ビジネスで住民主体の地域事業」であると定義している。より詳細にいえば，相互扶助の精神にもとづいて，その地域に内在するニーズとシーズをマッチングさせ，コミュニティから共感を得られるようなビジネスといえる。そしてその活動事業形態は，任意団体，公益法人，協同組合，有限会社，株式会社，NPO法人等様々である。しかし活動の場所は，地域社会に足場をおくものであり，とりわけ市民の交流拠点や公共性・利便性の高い場所が多様な活動を展開する場所としてふさわしい。また，そうでなければコミュニティ・ビジネスとはいいがたい。

それゆえ，従前から地域の人々が交流する場として機能してきた商店街は，人が集まりやすいよう交通インフラが整備され，情報収集・発信のしやすい場として条件としては優位となる。いや優位となるはずなのである。

しかしながら，今日の日本にある中心部商店街はどうだろうか。その多くは，周知のように空洞化現象がすすんでいる。商業統計によれば，小売商店数のピークは1982年の約172万1千軒をピークにして年々減少傾向にある。しかも従業者数1～2人という小規模商店の減少は歯止めがかからず，その一方で5～49人という中規模店の割合が高まっている。大規模小売店舗法により抑制されてきた中心部よりも，効率のよい経営を実現できる郊外のショッピングセンターへと中規模店や大型店がシフトしていくにつれ，中心部の商店街は空き店舗が増加していったのである。平成16年の『商店街実態調査』[3]では，商店街の空き店舗率（空店舗数／商店街店舗数）は平均7.3％。そして商店街の景況を「繁

栄」していると回答した商店街はわずか2.3％しかなく,「停滞」「衰退」と回答した割合の合計は96.6％にも及んでいる。

　空き店舗問題ばかりではない。図表3—1にあるように,後継者難,商店街活動への参加意識が薄いなど,今日商店街の突きつけられた構造的課題は,あまりにも大きすぎるものである。

　しかしながら,民間事業者にとっては,もはやそうした中心市街地への出店は,魅力のあるものでなくなっていくけれども,長年「まちの顔」の役割を果たし,公共交通や施設等のインフラ整備がなされ,人の集まりやすい環境整備がもともとある中心部には,残されたビジネスチャンスがないわけではない。車中心の社会に縁遠かった市民,中心部の企業に通勤する社会人,学校に通学

図表3—1　商店街における大きな問題（過年度比較　複数回答）

回答割合順位	平成2年度	平成7年度	平成12年度	平成15年度
1位	駐車場がない (41.4%)	大規模店に客足がとられている (75.7%)	魅力ある店舗が少ない (72.8%)	経営者の高齢化等による後継者難 (67.1%)
2位	域外の大規模小売店舗に客足がとられている (38.5%)	後継者難 (63.9%)	大規模店に客足がとられている (72.3%)	魅力ある店舗が少ない (66.3%)
3位	全般的に店舗規模が過小 (38.5%)	大規模店出店ラッシュに押され気味 (60.6%)	商店街活動への商業者の参加意識が薄い (65.0%)	商店街活動への商業者の参加意識が薄い (55.7%)
4位	業種構成に問題がある (25.7%)	商圏人口の減少 (57.5%)	経営者の高齢化等による後継者難 (61.6%)	核となる店舗がない (51.8%)
5位	非商店が多いため,商店街が断続的である (21.8%)	駐車場がない (54.3%)	大規模店に押され気味 (58.8%)	店舗の老朽化・陳腐化 (48.2%)
6位	商店の歯抜け現象が進行 (20.7%)	（まちづくりに対する）住民の参加意識が薄い (52.7%)	商圏人口の減少 (56.4%)	駐車場の不足 (37.2%)
7位	後継者難 (18.3%)	全般に店舗規模が過小 (51.6%)	駐車場がない (54.0%)	大規模店との競合 (36.9%)

出所：全国商店街振興組合連合会『平成15年度商店街実態調査報告書』平成16年3月

する学生，病院に通う高齢者，その他公共施設を利用する人を含めれば，中心市街地に集客の可能性は残されている。そうした市民のニーズに応えるコミュニティ・ビジネスの事業機会は，市場は小さくとも存在しないわけではない。

3 ● 施策は「商店街」から「まちづくり」の視点へ

ところで，このような小売商業者や商店街をめぐる環境変化・構造的変化を背景にして，地域商業に関する法律や制度も大きく変化した。平成10年度に中心市街地活性化法（「中心市街地における市街地の整備改善及び商業等の活性化の一体的推進に関する法律」）が施行され，同じ年に施行された大規模小売店舗立地法（大店立地法），改正都市計画法とともに，計画的な都市機能の配置をはかるための，いわゆる「まちづくり三法」がスタートした。

大まかにいえば，大店立地法は，周辺の生活環境等に影響を及ぼす大型店の出店調整を行うものである。また改正都市計画法とは，大型店の適正な計画的配置を図るために，都市計画上の用途規制を市町村のニーズに即して細分化，強化できるように特別用途地区の設定を自由化するものである。つまりこの2つの法律は，各市町村の意向によって大型店の適正な立地と出店を実現するという，規制色の強い法律である。

一方で，中心市街地活性化法は，昔ながらの都市の中心地を活性化し，再びヒトが集まるにぎやかな場所にするための活動を支援するものであって，当時の通産省や建設省等13省庁（省庁再編によって現在は8省庁）にまたがっていた中心市街地活性化支援事業をひとつにまとめて統一窓口を設け，市町村が活性化に取り組みやすいように整備された。

この中心市街地活性化法においては，市町村が作成した中心市街地活性化基本計画にもとづいて各種の取り組みが行われることになるが，商業等の活性化のための具体的事業は，TMO（Town Management Organization：まちづくり機関）がTMO構想にもとづいて中心市街地の商業集積の活性化に関する事業の企画・運営を担うことになった。全国630の市区町村から基本計画が提出（平成16年12月現在[4]）されており，それにもとづいて認定されたTMOは349地区[5]，その多くは第3セクターや地元商工会議所・商工会がTMOとなっている。

なぜ商店街や商工会議所・商工会が直接担うのではなく，TMOが商業活性化のための事業を担うのだろうか。そもそも「まちづくり3法」とは，これまで商店街の活性化とまちづくりとが一体的に進行してこなかった点に問題があったことから整備されたものである。商業者のためのまちづくりではなく，広く市民を取り込んだまちづくりを展開していくに当たっては，中心市街地全体を面的に捉えて商業等の活性化を図り，同時にまちづくりへの市民参加も促して行かねばならない。それゆえ，TMOを設立することが望ましいとされており，また，TMOを活用した事業に対しては各種支援策も手厚くなっているのである。

　けれどもTMO関連施策は，中心市街地の活性化に向けた数多くの施策のなかのメニューのひとつであるので，TMO関連施策を活用しなければ中心市街地活性化施策がまったく受けられないというわけではない。つまり施策自体がやる気のある地域に支援をしていこうというスタンスなのである。

4 ● 商店街とコミュニティ・ビジネスとの接点

　ところで，地域商業の衰退を克服し，市民と商業者とが中心となってコミュニティ・ビジネスを展開し，成果をあげているケースがこれまでにいくつかの地域でみられている。東京都足立区の「アモール・トーワ」や，長野県小布施町の「ア・ラ・小布施」等は，そうした成功例としてよく知られる。また，滋賀県長浜市の「黒壁」の活動も奇跡的ともいえる地域再活性化を果たした事例としてはあまりにも有名になった[6]。無論，これらすべてはTMOが関与しているものではないが，全国からまちづくり及び商店街活性化に携わる関係者が，これらの成功事例を視察しに訪れ，同様の手法を自分たちの地域にも取り入れようという前向きな姿勢がみられる。

　ただし，そのプロセスをそのまま他の地域に移転しても，必ずしもまちづくりがうまくいくわけではない。地域の文化，慣習，市民性，地域の商業環境等の違いがあり，「これが正解」という手法があるわけではない。ましてや小さなコミュニティでは様々な利害関係がからんでくる。

　しかしながら，これらの事例に共通するのは，まちの「商店街組織」という

枠組みを超えて，市民，行政，NPO等外部組織との連携による中心市街地活性化が結果的に商店街の再活性化に結実しているという点である。その際のキーワードとなるのは，地域が抱える問題解決にビジネスチャンスを見つけ，実践をしてきたという「コミュニティ・ビジネス」の視点にある。いいかえれば，商店街振興組合や協同組合組織の理念にある「組合員の相互扶助」，そしてそのための「補助金への依存」という体質を見直し，地域市民が本当に必要とするものの提供という直接的な事業と，地域に人が集まることで結果的に地域に利益をもたらすものという間接的な事業を市民自らの力で得ようとする姿勢あってこその帰結なのである。

5 ● 事例検証──呉TMOの取り組み──

　以上を踏まえて，ここでは筆者自身も微力ながら関わってきた，中心市街地活性化に取り組む広島県呉市のTMOの活動を紹介しよう。無論この事例は現時点で決して成功とはいえないが，平成10年の中心市街地活性化法施行以来，各地でTMO活動の行き詰まりが懸念されるなかにおいて，市民の活力をコミュニティ・ビジネスという自立した活動に結びつけようという姿勢とそのプロセスはおおいに参考となるだろう。

5-1　呉市の概況

　広島県呉市は，政令指定都市である広島市の東南に隣接しており，人口20万人強，世帯総数約7万9千世帯という地方中堅都市である。平成15年から16年にかけては，市町村合併を背景に隣接する下蒲刈町や川尻町との合併によって，統計上の人口増加はある。しかし今後，人口密度が急速に高まる要因はみられない。年齢階級別人口をみると年少人口（0～14歳）と生産年齢人口（15～64歳）は減少傾向にあり，他方で65歳以上の老年人口の増加が加速している。とりわけ中心部には病院や公共施設が多いことからも，老齢人口の比率が高い。
　この地は古くは軍都として栄え，現在も海上自衛隊が市内に位置する。そうした歴史的経緯のもと，呉のまちは造船，鉄鋼，金属等の重厚長大産業を基幹

とした工業都市として成長してきたが，バブル経済崩壊や親会社の経営合理化のもとで，90年代にはそうした製造業も衰退懸念があった。事業所数は減少したが，この2～3年は，中国の鉄鋼需要の拡大とともに，一部では徐々に景気回復へのきざしが見えている。

一方，商業については，平成14年度商業統計によると呉市の小売業年間商品販売額は1,978億円で県内第3位。けれども平成11年の2,282億円から比べると300億円以上の減少であり，ピークの昭和56年以降減少傾向は変わらない。その反面，従業者数は約13,000人で比較的横ばいを維持しているということは，この小売業分野での事業の中・大規模化，業態変化が進展しつつあることの表れであろう。

中心市街地エリアに属する商店街について記そう。市内にある商店数2550軒のうち，中心部にはそのうちの約半数を占める1233軒。「飲食料品小売業」が約35％，「その他の小売業」が約32％，「織物・衣服・身の回り品小売業」が18％，「家具・じゅう器・家庭用機械器具小売業」が約10％という業種構成である。中心部には縦横に合計7つの商店街が存立している。事実上，市民の誰もが「まちの顔」と認める中通商店街は商店街振興組合組織を形成しており，他地域と変わらず，アーケード，街路灯等，商店街近代化設備を備えてきた組織である。違うところといえば，商店街の舗装が，海軍時代からの象徴である赤レンガで彩られたことかもしれない。

平成に入ってからは，この地でも商店街の空き店舗問題が徐々に顕在化してきた。呉市では，国の高度化事業の活用に加えて，商業振興対策として制定された「呉市商店街振興条例（昭和63年制定）」により，①共同施設整備事業，②情報化事業，③街路照明事業，④イベント事業，⑤調査研究事業，⑥イメージアップ事業，これらの商店街等の団体が行う振興事業に対して手厚く助成をしてきた。[7]また呉市商店街空き店舗有効活用事業補助金制度によって空き店舗活用の際の賃料や改装費の補助をする等，決して商店街の空洞化問題を放置していたのではなく，むしろ行政としては積極的な姿勢を見せていた。

しかしながら，平成に入ってからの隣接する巨大都市との交通網の整備や，郊外への大型店の出店が進展，さらに市中心部は山に囲まれた地形という地理的特徴もあいまって，比較的安い住宅を求めて山沿いの新興住宅地に住民はシフトしていき，自家用車利用が急速に増えていった。それゆえ地域の消費者は，

駐車場の少ない，もしくはあってもコストのかかる中心部商業集積地に足を運ばなくとも，ワンストップショッピングが可能な郊外大型店への買い物を選択するようになっていた。

5-2　早かった中心市街地活性化への取り組み

　呉市では，「中心市街地活性化法」の施行をうけて，駅前を含む中心市街地を約140haのエリアに定め，平成10年12月に呉市中心市街地活性化基本計画を策定して国に提出した。これは全国でも13番目，広島県では1番目という早さである（図表3—2参照）。もともと前述の呉市商業振興条例を始め，商業者に対する助成メニューを取り揃え，TMO構想で行おうとする計画も半ばできあがっていたために，このように早い時期の基本計画提出が可能となったのである。翌平成11年7月にはTMO構想を策定し，まちづくりを行う機関であるTMOとして呉商工会議所を認定していた。

　当初のTMO構想に記された「目玉」といえる事業計画は，中心部の核施設であった古くからの共同店舗ビルと劇場の入居するビル跡地の活用であり，どちらも大規模な駐車場と商業施設に生まれ変わる予定であった。計画は進められ，平成12年度には具体化まであとひと息という段階にまで漕ぎつけたが，この再開発事業は思うようにいかず，計画は実現不可能となった。その地は駐車場のままとなっていた。

　無論TMO構想に定められた計画は他にもあるが，この中心となる計画が実現しなかったことにより，呉市中心市街地活性化は取り組みそのものが継続できなくなっていた。

　なぜ再開発事業が不可能になったのか。地権者の反対や自前の資金力の乏しさ等の理由があったことも事実であるが，本質的な問題は，地元商業者のみならず，地域市民が本当に望む再開発計画であったのかという点，より根本的には，市民や地域のための計画という大きな視点ではなく，商業者のための再開発であって，それが地域市民にとって本当に必要なものであるのかどうかという議論が十分にされないまま進められたことに，大きな要因があったと思われる。

　もちろん，そうした再開発計画を否定するわけではない。中心市街地に与え

図表3-2　広島県内市町村の中心市街地活性化基本計画及びTMO構想の提出状況
　　　　（平成15年4月時点）

提出順	中心市街地活性化の基本計画			TMO構想		
	市町名	基本計画提出日	中心市街地の広さ	TMOとなる機関	TMO構想認定日	TMOのタイプ
13	呉市	平成10年12月1日	140ha	呉商工会議所	平成11年7月12日	商工会議所
30	三次市	平成11年2月18日	156ha			
45	福山市	平成11年3月15日（平成11年11月15日）	187ha	福山商工会議所	平成11年4月28日	商工会議所
54	東広島市	平成11年3月18日	99ha	東広島商工会議所	平成12年6月21日	商工会議所
131	府中市	平成11年6月11日	110ha			
195	尾道市	平成12年1月28日	200ha	尾道商工会議所	平成13年3月30日	商工会議所
199	熊野町	平成12年2月7日	75ha	熊野町商工会	平成12年3月31日	商工会
259	三原市	平成12年5月16日	60ha	三原商工会議所	平成12年10月18日	商工会議所
280	海田町	平成12年6月7日	47ha			
295	庄原市	平成12年6月29日	87ha			
306	竹原市	平成12年7月10日	81ha			
358	東城町	平成12年12月22日（平成14年1月29日）	170ha	まちづくり東城株式会社	平成14年7月8日	特定会社
361	甲山町	平成13年2月5日	64ha	甲山商工会	平成14年12月27日	商工会
375	瀬戸田町	平成13年3月28日	96ha	瀬戸田町商工会	平成13年4月9日	商工会
558	因島市	平成15年3月12日	34ha			
564	府中町	平成15年4月11日	26ha			
	16自治体			9機関		

※(　)内表記は修正計画提出日
出所：呉TMOまちおこし特別委員会資料より

る影響がよくも悪くもどれだけのものであったかは今となってはわからないし，加えて，中心市街地活性化法が施行されたばかりで先進事例が少ないこの時期に，従来型のハード重視のまちづくりが先行したのも無理はないのかもしれない。

5-3　再燃した中心市街地活性化への取り組み

　再開発計画が事実上立ち消えとなり，その後しばらくの時が経過したが，平

成15年に商工会議所で再びTMO事業に息を吹きかけようという機運が高まり始めた。ちょうど翌年に中心部とは駅をはさんで対極に位置する市有地に，大型ショッピングセンターの出店と公共博物館が建設される計画が発表されたことがその大きな要因となった。

呉商工会議所では，平成15年度事業計画として，高齢者対応の中心部商店街という目標を掲げた。しかしながら，それだけに固執し，中心部商店街にその課題を突きつけることには限界がある。中心部商店街では例外なく経営者の高齢化，商店街組織への共同化意欲の衰退等の問題もある。まずはまちづくりという視点で商店街以外の人や組織の参画を促していくことが必要とされていた。それが過去の経験から実感してきたことだった。そのため，平成15年度に設置されたのは「まちおこし特別委員会」と命名され，以前の計画に縛られることない，新たな取り組みとして始動した。

中小企業総合事業団（現中小企業基盤整備機構）によるタウンマネージャー派遣制度を活用して東京からタウンマネージャーを迎え，古参商店街理事だけでなく，若手新規出店者，地元製造業者，広告代理店，地元出身サラリーマン等，幅広い分野で委員を構成した。つまりは事実上の市民参加のまちづくりが始まったのである。

また，活動できるヒトや組織，資金を出せるヒトや組織を幅広く集めようという基本コンセプトが早い時期に打ち出された。単に道路を整備したり，建物を建てたりするのではない，「やる気のあるヒトから」，「できるコトから」の中心市街地活性化が運動し出したのである。

それからおよそ1年半の間に，タウンマネージャーの提案のもとで実施してきた事業は，主に以下のとおりである。

① 市民募金による防犯カメラ設置事業
② 学生イベント事業
③ 商店街事業への協力
④ 交流・コンセンサス形成事業
　　まちづくり交流会の開催，ホームページの開設，メールマガジンの発行
⑤ 空き店舗実態調査

このように，ほとんどはソフト事業が中心である。成功か失敗かの2つにひとつしか答えが出ない大規模な再開発事業はリスクが高い。けれども注目して

おきたいのは，唯一のハード整備事業ではあるものの，市民募金による資金調達で行った防犯カメラ設置事業である。以下その経緯について紹介しよう。

5-4　自らの資金調達の動機づけ

　防犯カメラ設置事業で特筆したいのは，公的な補助金を一切使わずに，中心部商店街の安全性を高めるために多くの市民からの募金を集めたという，全国的にみても異例の活動であった。

　当初はタウンマネージャーの提案から始まり，数度にわたるワーキンググループで関連諸機関の代表者との意見調整が図られた。募金活動には学生や市民が積極的に協力し，商工会議所副会頭でもありまちおこし特別委員会の委員長である堀口氏自らが企業や団体をまわったことも奏功して，555万円という設置資金を集めた。平成16年12月には13台の防犯カメラが中心部商店街に設置され，その愛称「まもっとくん」は市民公募により名づけられたのである。

　なぜ募金による防犯カメラ設置をメイン事業として行ったのか。それにはいくつかの理由があった。ちょうどマスコミ報道では犯罪の追跡資料等に街頭防犯カメラが役立ったことが話題にもなっており，防犯抑止効果も高いことは周知であった。

　しかしそれよりも重視したいのは，「地域の問題は，コミュニティ自らが取り組まなければいけない」という，地域市民の結束力を高めていくための最初の活動として意味のあるものなのであった。その象徴として防犯カメラ設置という目標にむけて多くの市民が資金提供したということは，同時に運用に関しても市民からの理解を得やすい。街の顔でもある中心部商店街の衰退という問題は，商店街だけの問題ではなく，市民1人ひとりが考えなければならないし，そのために必要な資金を自ら得るための努力が必要である。補助金等に依存するTMOが多いなかで，自らの資金調達の可能性を示した点で，非常に意味のある活動であったことは間違いない。

5-5　TMOの位置づけ

　中小企業庁の調査によれば，多くの地域では，商工会や商工会議所がTMOと

なるケースが多く，それらの経営指導課員が担当を兼務することが多い。これに次いで第3セクターがあり，なかでも「株式会社」が半数近くになっている。

けれども，事業が思うように進行せずにTMO活動に苦慮しているケースは少なくはない。中小企業庁調査によれば，中心市街地活性化が進展していない理由として図表3−3にあるように，①「商店街，商業者との連携がとれていない」45.6％，②「事業を推進するリーダー的存在がいない」40.4％，③「事業が長期的でなく単発的」36.8％，等が上位にあげられている。

呉TMOも例外ではなく，これらの問題をどうクリアしていくかは課題であった。そこで呉TMOは，どんな位置にたち，事業実施のための仕組みを作っていくのか。それは，まちづくりのために何をするかをTMOが最初に決めるのではなく，定期的に開催される交流会や，足で稼いだ情報収集を手がかりにして，中心部に人が集まるための活動を「やりたい人」，「やる気のある人」を発掘し，その活動のためのサポートをするのがTMOであるという基本的スタンスを打ち出している。

タウンマネージャーの話によれば，「TMOはあくまでもフランチャイズの本部のような位置づけで，活動する人は各フランチャイズ店のオーナーのような立場」であるという。

つまり，フランチャイズシステムの本部が，会社の「のれん」いわゆる「ブランド」や運営ノウハウを各店に提供してロイヤリティを得るように，TMOは，その信用力をはじめ，必要な場所，モノ，関連機関との意見調整ノウハウ等を活動したい人に提供する。ただし自立化，継続化を促すために運営資金は可能な限り自身で調達してもらう。したがって事業ごとに担い手やリーダーは変わるのである。これはフランチャイズ加盟店のオーナーが個別店舗の経営の意思決定と責任を担う形態と同じである。また，事業によるリターンは，フランチャイズのようなロイヤリティではなく，交流人口や集客力の増加，それによる中心部地域経済の活性化という形でTMOや市に還元される。

TMOは，中心市街地活性化の補助金獲得のための組織なのではなく，基本的なコンセプトは「可能な限りの活動の自立化」を促す，いわばコミュニティ・ビジネスの種を育てる窓口ともいえよう。

図表3-3 中心市街地活性化が進展していない理由

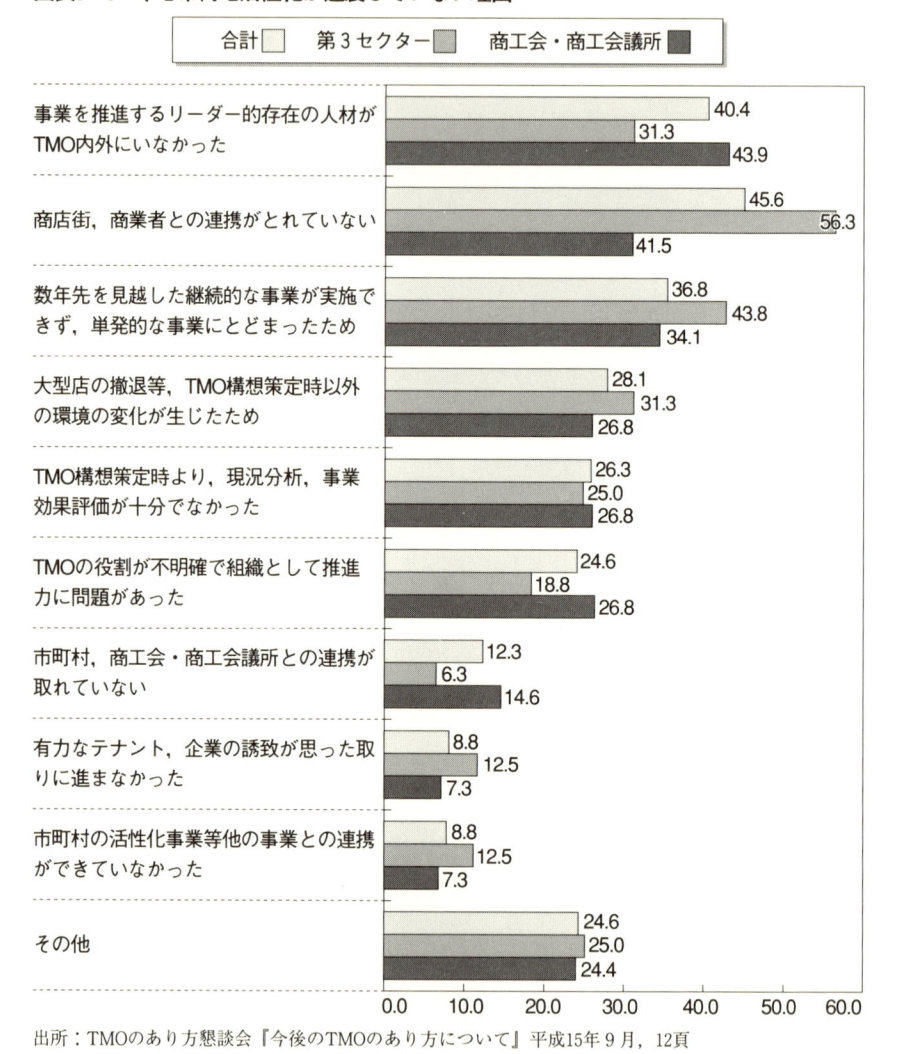

凡例：合計 □　第3セクター ▨　商工会・商工会議所 ■

理由	合計	第3セクター	商工会・商工会議所
事業を推進するリーダー的存在の人材がTMO内外にいなかった	40.4	31.3	43.9
商店街，商業者との連携がとれていない	45.6	56.3	41.5
数年先を見越した継続的な事業が実施できず，単発的な事業にとどまったため	36.8	43.8	34.1
大型店の撤退等，TMO構想策定時以外の環境の変化が生じたため	28.1	31.3	26.8
TMO構想策定時より，現況分析，事業効果評価が十分でなかった	26.3	25.0	26.8
TMOの役割が不明確で組織として推進力に問題があった	24.6	18.8	26.8
市町村，商工会・商工会議所との連携が取れていない	12.3	6.3	14.6
有力なテナント，企業の誘致が思った取りに進まなかった	8.8	12.5	7.3
市町村の活性化事業等他の事業との連携ができていなかった	8.8	12.5	7.3
その他	24.6	25.0	24.4

出所：TMOのあり方懇談会『今後のTMOのあり方について』平成15年9月，12頁

5-6　まちづくりの担い手の多様性

　こうしたTMOの位置づけを明確にしてきた上で行われた事業で，例えば学生によるいくつかのイベント実施がある。そのひとつは，平成16年3月に開催された「VIVA 呉 ARTS FESTIVAL」である。これは，市内に居住し，写真を趣

味にしていた学生たちが，中心部商店街で写真展を開催したいという思いから始まった。TMOは，会場となる商店街や市役所との折衝，会議室の貸し出しや運営ノウハウの提供をサポートし，事業自体は学生たちだけで運営された。もちろん，大学の授業の一環で行っているわけではないので「大人たち」からの制約もなく，義務的に活動する学生は1人もいない。そのかわり運営資金は学生たち自らが協賛金集めに回っており，補助金の活用はない。ちなみに第2回目も学生たちによって平成17年に開催された。

　また，TMOのホームページ[8]とメルマガを作ってみたいという声が交流会であがり，地元の主婦を中心に組織されているSOHO団体が担い手となった。これに関してはコンセンサス形成事業としてTMOがSOHO団体に業務委託している。その他にも，今後の計画では，空き店舗に新規出店を予定している人と家主とのコーディネート事業等がある。

　これらの活動支援で，TMOが重視したのは，コーディネート機能である。商店街と学生，商店街と主婦，これらのいわば「異質」なカルチャーを持った人々がもつ施設，資材，マンパワー，技術等を提供し，人と人とが合流するにおいて，意思疎通が行き届かなかったり，価値観の違いがあることがしばしばある。そうした齟齬を修正していくのがTMOの役割でもある。

　タウンマネージャーの話によれば，「個別商店はただでさえ人手不足であるのに，店にシャッターをおろして店主自らがイベントに力を注ぐことはおかしい。商店は自らの商売を通じてまちづくりに貢献すべき」という。つまり，たまたまイベントを目的に訪れた顧客に，店の良さ，商店街の商品を知ってもらい，平常時の商売につなげていかなくては意味がないイベントになってしまう。けれども商店街では，恒常的にアルバイトを雇ったり広告代理店に委託したりする潤沢な資金をもつわけでもない。そこでイベントをやりたい市民を外部から募ればいいのであるが，そうした接点が商店街側にはなかなか見つけにくい。

　そこでまずは学生による商店街でのイベント事業を通じて，「外部に活動機会を提供すると，自分たちがよけいな汗をかかず，商売に集中して取り組むことができると商店主に実感してもらうこと」がひとつの目的でもあったとタウンマネージャーは語っている。

図表3-4　地域資源循環型協働モデル

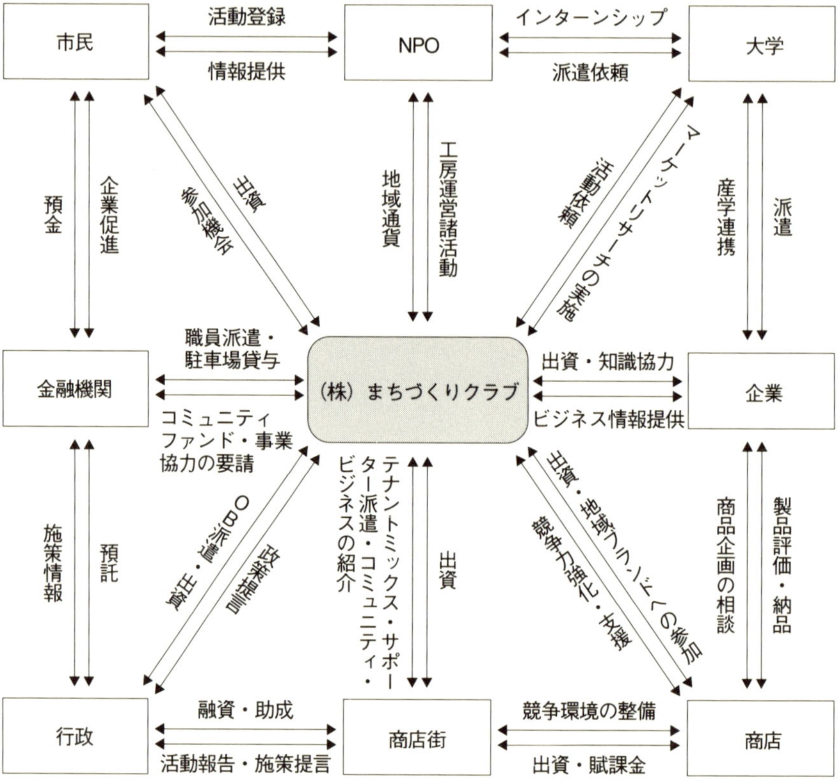

出所：福田敦「地域社会と商店街の関係性と地域商業の再生に向けた課題と展望」『商店街活性化戦略と外部資源活用』社団法人中小企業研究センター調査報告書No.114,平成16年3月,109頁より

5-7　望まれるインターミディアリー

　前述の調査結果にあるように，商店街との連携がうまく取れていないことが多くのTMOで問題としてあがっている。けれどもTMOとの連携のみならず，多様な外部資源活用が今後商店街にとって必要なのであり，上述のような学生や主婦をはじめ，様々な組織・機関との連携が今後商店街のみならずまちづくりという視点では欠かせない。

　例えば福田氏[9]によれば，「市民との協働を確かなものにするためには中立的でクッションになるインターミディアリー（中間組織）となる主体が地域にひ

図表3―5 中心市街地活性化法施行令第8条の改正によるTMOになり得る主体の変更等について

改正前		改正後	
主体	用件	主体	用件
商工会・商工会議所	特になし	商工会・商工会議所	特になし
特定会社	・中小企業者の出資 ・大企業者の出資割合が1/2未満 ・地方公共団体の出資が3%以上	特定会社	・中小企業者の出資 ・大企業者の出資割合が1/2未満 ・地方公共団体の出資が3%以上
財団法人	・基本財源の3/100以上が地方公共団体により拠出されていること	財団法人	・基本財源の全部もしくは一部が地方公共団体により拠出されていること
―	―	社団法人	・地方公共団体がその社員であること
―	―	NPO法人	・地方公共団体がその社員であること ・商工会・商工会議所と共同で中小小売商業高度化事業構想の認定の申請を行うこと

出所：中小企業庁ホームページ
http://www.chusho.meti.go.jp/shogyo/download/tmo_sankaku1.pdfより

とつ確立されることが必要」という。そして地域資源循環型協働モデルとして**図表3―4**のような構図を提起し，将来的にはTMOに変わるまちづくり機関としての組織を目指すものは，営利性と機動性のある株式会社であることが望ましいことを示唆している。まさにTMO自身も，コミュニティの課題を解決するためのコミュニティ・ビジネスとして組織間連携を促す自立的組織となっていくべきなのである。

ところで，呉TMOの場合は，今後どのような組織の方向を目指すのか。現段階では，まちづくりNPOを設立して専任事務局員を配置し，商店街組織と外部資源との連携コーディネートによる恒常的・継続的なイベントや各種ソフト事業の「担い手探し」，さらには新規出店者のサポート等を行っていくことが事業計画として提案されている。資金的制約もあって現段階では株式会社化は難しく，NPOという組織形態を選択せざるを得ない。

しかしながら、平成16年10月の中小企業庁発表資料によれば、TMOになり得る主体として、一定の要件を満たしたNPO法人を追加する等の政令改正を平成17年に行うことになった[10]。設立主体の間口を広げることで、地域住民や福祉、農業といった様々な分野の人材による積極的なまちづくり活動を推進していくことを期待してのことであって、これは画期的なことといえる[11]（図表3－5参照）。

　TMOを全面的に移管するか、必要な事業のみをNPOへ委託していくか、呉TMOの場合現段階で定かではないが、こうした法令改正の追い風は十分に活用すべきであろう。ただし、いくらNPOにTMO活動の門戸が開かれるとはいえども、基本的スタンスは、「自立化」であり、すべて補助金依存ではコミュニティの再生はあり得ない。そのことは強く念頭にいれ、今後もコミュニティ・ビジネスの創出や活動継続を促す仕組みは途絶えさせてはならない。

6 ● おわりに

　以上、本章では、今日多くの都市やそこに位置する商店街が直面している中心市街地活性化及びまちづくりについて、呉TMOの活動経緯とその活動の自立化を促す仕組みづくりを参考にして検証した。1度立ち上げた計画が事実上立ち消えとなり、まちづくりの方向性が見えなくなってきた状態から体制を立て直し、各関連団体のベクトルを少しずつ合わせていったタウンマネージャーや商工会議所の動き、そして多くの市民が「自らの力で」という活動に目を向け始めるプロセスは、現在も試行錯誤の中、進展している。

　無論、この呉の事例は、必ずしも成功事例ではなく、むしろ発展途上というほうがマッチする。

　ただし、この事例から学べるのは、コミュニティでの活動は、活動の舞台さえ用意できれば、「活動できる人」、「やりたい人」がその活動ごとにリーダーとなるのであって、まちづくりは1人のリーダーシップに委ねられるものではないということ。また巨額の資金ではなく、コミュニティに属する人々の持ち寄った少しの資金でも活動できるということ。そして、そうしたコミュニティでの市民の活動が、市民のニーズを的確に捉え、ビジネスに結びつくことで、コミュニティの自立化に近づいていくのである。

コミュニティの自立化は，これで成功とか，ここがゴールという到達点があるものではない。継続して市民間の機運を高め，自らのコミュニティの問題解決を自らの手でという意識を根づかせていくことは，一朝一夕にできることではないのである。

　ただし，多くの人々が生活し，交流する中心市街地は，コミュニティ・ビジネスの活動の舞台として様々な事業機会があるし，事業を欲している市民が集う場である。その機会を多くの市民にひらいていき，機能させていくために，今後TMOは商店街のためだけではなく，まちのため，市民のためのコミュニティ・ビジネスの創造と発展を促す機能がより重視されるのである。そしてTMO自身もコミュニティ・ビジネスとして自立化する段階がやってきているのである。

[注記]
1）全国商店街振興組合連合会調査（平成15年6月現在）による。
2）細内信孝『コミュニティ・ビジネス』中央大学出版会，平成16年3月。
3）全国商店街振興組合連合会『商店街実態調査』。
4）詳しくは中心市街地活性化推進室ホームページを参照されたい。
　http://chushinshigaichi-go.jp/
5）なおTMO構想の認定は国への通知義務がないため，この数字は中心市街地活性化推進室で把握しているものについてのみである。
6）こられの事例に関しては，かなりの検討がされているが，細内信孝『コミュニティ・ビジネス』前掲書や，（財）中小企業総合研究機構編「地域経営まちづくり―地域資源を活用した先進事例」平成14年3月，同友館等を参照されたい。
7）この条例にもとづいた助成措置は，事業費の30％以内の額を奨励金として交付するものである。
8）呉TMOのホームページ：http://www.kurecci.or.jp/tmo/index.shtml
9）福田敦「地域社会と商店街の関係性と地域商業の再生に向けた課題と展望」『商店街活性化戦略と外部資源活用』社団法人中小企業研究センター調査報告書No.114，平成16年3月。
10）詳細については，中小企業庁ホームページを参照されたい。
　http://www.chusho.meti.go.jp/shogyo/041022tmo_sankaku.htm
11）ただし，地方公共団体がNPO法人の構成員として参加すること，商工会や商工会議所と共同で高度化事業構想の認定を申請することを条件として設けている。

第4章 コミュニティ・ビジネスの担い手育成に向けて
－コミュニティで育つ若者たちの起業家マインド－

1 ● 広く市民参加が求められるコミュニティ・ビジネス

　コミュニティ・ビジネスとは何か。前章でも揚げたようにその組織形態や事業分野が多岐にわたるためにその定義づけは難しい。『中小企業白書』2004年版で紹介されている特徴は，①地域住民が主体である，②利益の最大化を目的としない，③コミュニティの抱える課題や住民のニーズに応えるために財・サービスを提供する，④地域住民の働く場所を提供する，⑤継続的な事業または事業体である，⑥行政から人的，資金的に独立した存在である，等があげられている。[1)]

　よりわかりやすくいえば，従来の公共部門と民間営利企業の枠組みだけでは解決できない，地域問題へのきめ細やかな対応を地域住民が主体となって行う地域貢献型事業である。社会貢献性の高い事業であると同時に，ビジネスとしての継続性も重視される点で，いわゆるボランティアとは異なる性格をもっている。それゆえに，経営資源として重要なヒト，モノ，金，情報等はたとえコミュニティ・ビジネスであっても欠かすことはできない。

　とりわけこの経営資源のうち「ヒト」，つまり担い手に関しては，コミュニティ・ビジネスでは女性やシニア層が代表や運営スタッフとして活動する団体が多くを占めており，またイメージ的にも地域で生活する時間が長い主婦やシニア層が担い手として相応しいと思われがちである。

　けれども長期的な視点でみれば，広く地域市民に活動を普及させ，コミュニティへの関心を深めていくには，次世代を担う若者たちを始め，幅広い層へコ

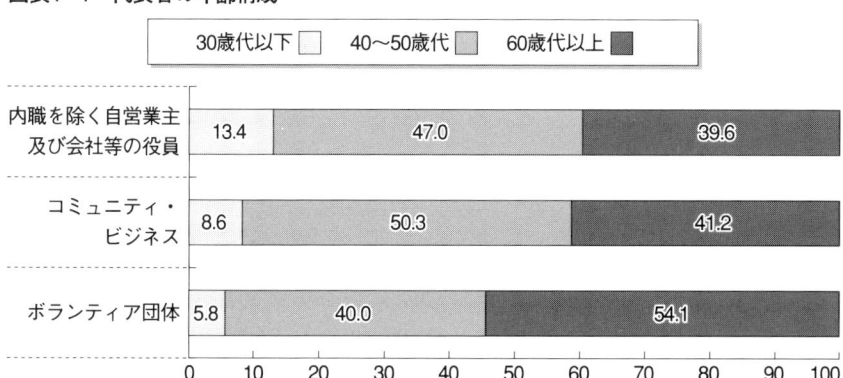

図表4-1　代表者の年齢構成

	30歳代以下	40〜50歳代	60歳代以上
内職を除く自営業主及び会社等の役員	13.4	47.0	39.6
コミュニティ・ビジネス	8.6	50.3	41.2
ボランティア団体	5.8	40.0	54.1

資料：中小企業庁『中小企業白書』2004年版

ミュニティ・ビジネスの参加機会を提供し，自立的な「ビジネス」としての基盤を支える人材創出を考えていかなければならない。

本章では，コミュニティ・ビジネスの発展のために，今後どのような担い手育成の仕組みづくりが地域において必要かという問題意識のもとで，大学と地域との連携によって行われている人材育成の試みを紹介し，コミュニティ・ビジネスの担い手育成の課題を提起したい。

2 ● コミュニティ・ビジネスを支える人々

まず，現在コミュニティ・ビジネスはどのような代表者によって担われているのだろうか。そしてどのような課題を抱えているのかを概観しよう。中小企業白書によれば[2]，コミュニティ・ビジネスの代表者は図表4-1にあるように40〜50歳代と60歳代以上がおよそ90％以上を占めており，30歳代以下は少ない。そして，ボランティア団体よりも一般の営利企業経営者に近い年齢構成となっている。また性別は一般企業経営者に比べて女性の比率が高い（図表4-2参照）。これらの代表者の経歴は，中小企業経営者や役員，主婦，教員等多様である。また代表者が活動を開始するに至った動機として「社会に貢献したかった」が最も多く，他の動機を大きく引き離している。

図表4−2 代表者の性別

凡例: 男性 ／ 女性

区分	男性	女性
内職を除く自営業主及び会社等の役員	76.4	23.6
コミュニティ・ビジネス	65.6	34.4
ボランティア団体	25.5	74.5

(%)

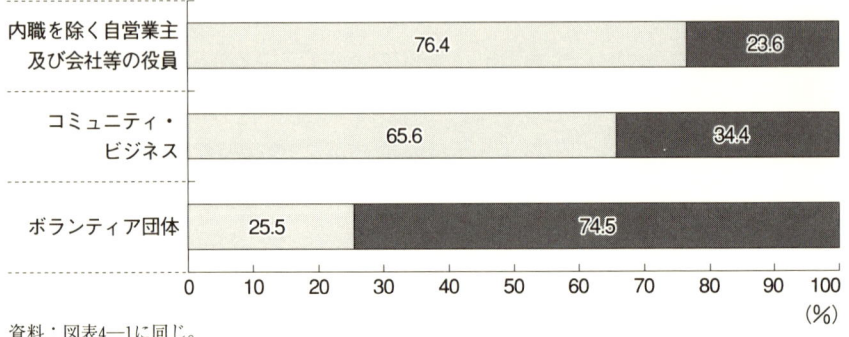

資料：図表4−1に同じ。

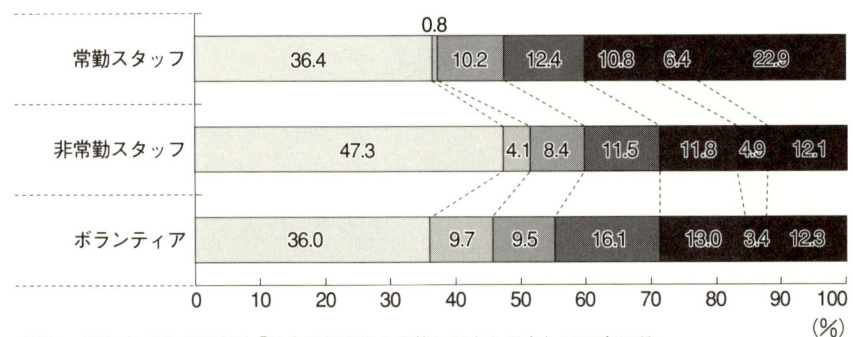

図表4−3 メンバーの属性

凡例: 主婦／学生／個人事業主／会社員／定年退職者／その他の無業者／その他

区分	主婦	学生	個人事業主	会社員	定年退職者	その他の無業者	その他
常勤スタッフ	36.4	0.8	10.2	12.4	10.8	6.4	22.9
非常勤スタッフ	47.3	4.1	8.4	11.5	11.8	4.9	12.1
ボランティア	36.0	9.7	9.5	16.1	13.0	3.4	12.3

(%)

資料：(株)日本総合研究所「社会的起業家の実態に関する調査」(2003年12月)

　コミュニティ・ビジネスを構成するメンバーの属性をみると，**図表4−3**にあるように常勤・非常勤，もしくはボランティアも含めて主婦がその多くを占めている。コミュニティ・ビジネスは，主婦層の就業の受け皿となっていることがわかる。また学生が携わるケースはボランティアを除いては非常に少ない。

　これらの年齢・性別・属性の構成のもとで，コミュニティ・ビジネスの運営はどうなっているのだろうか。**図表4−4**にあるように，①人材不足，②事業収

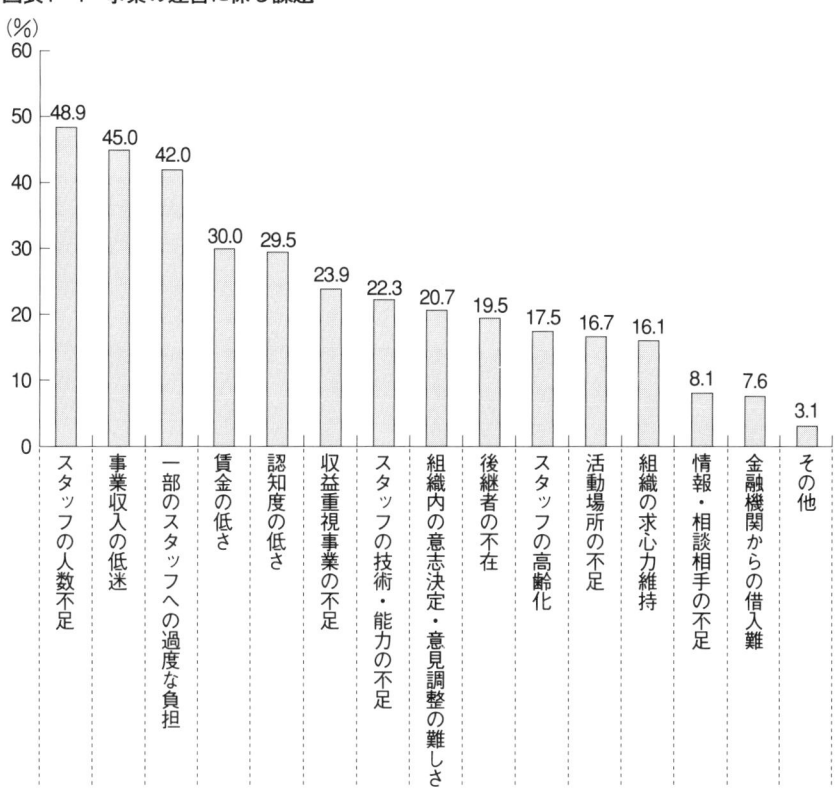

図表4-4　事業の運営に係る課題

項目	(%)
スタッフの人数不足	48.9
事業収入の低迷	45.0
一部のスタッフへの過度な負担	42.0
賃金の低さ	30.0
認知度の低さ	29.5
収益重視事業の不足	23.9
スタッフの技術・能力の不足	22.3
組織内の意志決定・意見調整の難しさ	20.7
後継者の不在	19.5
スタッフの高齢化	17.5
活動場所の不足	16.7
組織の求心力維持	16.1
情報・相談相手の不足	8.1
金融機関からの借入難	7.6
その他	3.1

資料：図表4-3に同じ。
（注）複数回答のため，合計は100を超える。

入の低迷，③事業の一部スタッフへの過度な負担等がその上位にあがっている。

　これらのグラフから読み取れることは，経営資源のうち，「ヒト」と「カネ」，この2つに集約してその調達困難があることが，コミュニティ・ビジネスの運営課題と指摘できる。とりわけこの「ヒト」の問題に関して検討してみよう。

　高寄氏の研究[3]では，「コミュニティ・ビジネスは，経営的に安定していないので，もともと主婦等が進出しやすい分野であり，脱サラしてコミュニティ・ビジネスに従事するケースは例外である。」と指摘する。ただし，介護サービス，子育て支援等がコミュニティ・ビジネスで多いためにそうした傾向がみられ，まちづくりや中間支援等では前公務員，会社員も多く，学生は文化・芸

術・教育・スポーツ等で少ないながらも活動していることを同時に示している。

　問題となるのは，このように活動分野ごとの人材に偏りがあれば，新規事業へのアイデア，人的交流の限界等事業の継続・発展にあたってはコミュニティ・ビジネスの活動で様々な支障が生じてくる可能性があるということである。世代・性別を超えて地域が内包する問題を共有し，広く市民のコミュニティ・ビジネスへの参加意識を高めていくには，今後人材の多様化が求められる。また活動が活発化するに従って，組織はリーダーシップ能力に依存するところが大きくなってくる。それゆえ次世代のコミュニティ・ビジネスを担う若者の育成は，大きなテーマでもあるといえよう。

3 ● 大学で進展する地域社会貢献意識

　ところで，多くの若者の学ぶ場である大学など高等教育機関は，地域づくりを図るために依然高い期待を寄せられている。また大学自身も，特色ある教育カリキュラムの推進，地域社会への貢献が今日不可欠なテーマとなっている。この背景には，少子化時代の到来と2004年からの国公立大学の独立行政法人化を始めとする各種規制緩和によって大学間の「生き残り競争」の本格化がある。

　理工系大学では90年代半ばから，産学官連携を促す関連法制度の整備を始め，政策主導で地域との連携機運が高まり，地域産業の競争力向上に寄与してきたが，一方，そうした技術移転や共同研究等に関する産学連携活動と比較して，文科系・社会科学系大学や学部での産学連携活動については，政策主導ではなく，多様な形で地域社会との連携が進展している。

　例えば近畿経済産業局の調査報告書[4]では，芸術系の学部が民間企業にデザインを提供したり，まちづくり活動に大学やゼミナール単位でマンパワーや学生のアイデアを用いたり，商店街との「商・学連携」をする形態等，すでに多くの大学で産学連携が行われていることを示している。そして報告書では理工系大学の産学連携は大学や技術が主役となるが，それに対し，文科系の場合には，人や社会が主役となり，地域の強みを再発見するために産学連携が有力な手法であると分析している。

　けれども，現実には，文科系，社会科学系大学の，とりわけまちづくりに関

する連携活動は，あくまでも教育目的で行われているケースが多く，学生が主体的にコミュニティに参画することによる，地域経済への波及効果までは視野に入れていない場合が多い。そうした産学連携が地域，大学，そして学生にとってどんな意味をもたらすものなのか，今後整理し，再検討する余地があろう。

4 ● コミュニティ・ビジネスで力を発揮する若者たち

それでは，大学でそうした社会貢献や産学連携機運が高まっているのならば，コミュニティ・ビジネスの担い手育成の機能をもってみたらどうだろうか。このひとつの仮説をもとに，以下では，広島修道大学で行われている，起業家教育カリキュラムと，学生たちが創造するコミュニティ・ビジネスの活動を紹介したい。

ここでの論点は，コミュニティ・ビジネスの担い手育成のために，地域の大学は何をすべきか，また産業界・大学はどのように連携し，担い手育成の理念をもつべきかという点である。

4-1　起業家精神養成講座でコミュニティ・ビジネスの担い手発掘

2002年度から開始された商学部の正規カリキュラムである「起業家精神養成講座」は図表4-5のようなスキームで行われている。通年の講義の前に，なぜコミュニティ・ビジネスやまちづくりが必要であるのか，担い手育成が必要であるのかをシンポジウムで議論し，学生，教員，地域企業や市民とのコンセンサス形成をはかる。毎週の講義では，主に中小・ベンチャー企業経営者の講義を聴き，後期からは学生自らの事業アイデアをビジネスモデルとして組み立て，事業計画に落とし込んでいく作業に時間をかける。最終的には毎年12月に開催されている学内のビジネスプランコンテストで各チームのコミュニティ・ビジネスに直結するビジネスプランを銀行マンの審査員や社会人聴衆の前でプレゼンテーションするところで年間のカリキュラムは終了する。

当初この講座は，コミュニティ・ビジネスの担い手育成を目的としていたのではなく，「起業家精神」の育成という，企業社会での即戦力人材の育成という

図表4-5　広島修道大学「起業家精神養成講座」のカリキュラムスキーム

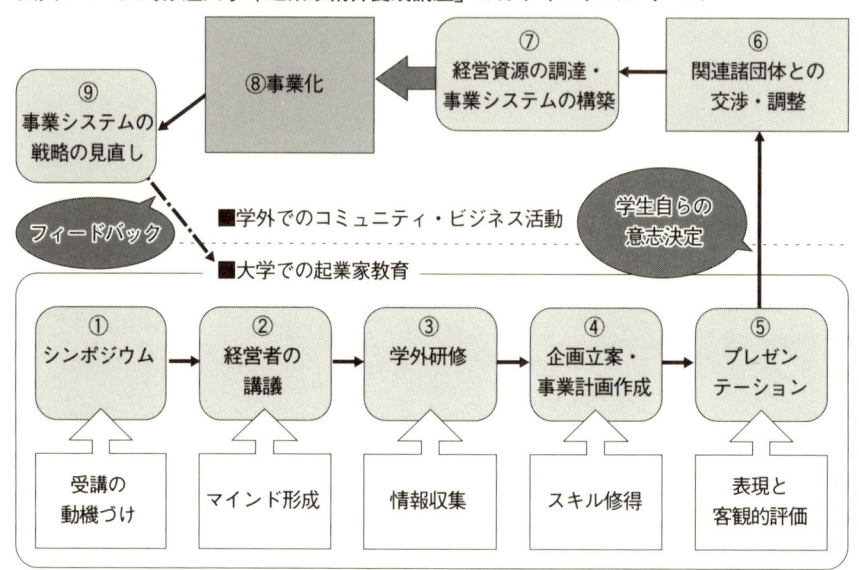

```
                                              ⑥
                           ⑦経営資源の調達・    関連諸団体との
    ⑨         ⑧事業化  ←   事業システムの構築  ←   交渉・調整
 事業システムの
  戦略の見直し
                                                    ↑
  フィードバック    ■学外でのコミュニティ・ビジネス活動    学生自らの
                                                    意志決定
─ ─ ─ ─ ─ ─ ─ ─ ─ ─ ─ ─ ─ ─ ─ ─ ─ ─ ─ ─ ─ ─ ─ ─ ─ ─
                ■大学での起業家教育

   ①          ②          ③         ④            ⑤
 シンポジウム → 経営者の  → 学外研修 → 企画立案・    → プレゼン
              講議                   事業計画作成     テーション

   ↑          ↑          ↑         ↑            ↑
  受講の     マインド形成  情報収集   スキル修得    表現と
  動機づけ                                        客観的評価
```

目標を掲げていた。また学生たちのビジネスアイデアはどれだけ斬新なものであるのか，どんなビジネスモデルが出てくるものか，スタート段階では検討もつかなかった。

　しかしながら，実際に一連のカリキュラムを終えた時点では，社会科学系大学の学生であるがゆえのビジネスプランの傾向が見えてきた。理工系大学の学生は，自らの研究分野に関する技術・製品をビジネスプランに盛り込むことが多いが，社会科学系大学の学生は，競争力の核になる技術や研究がほとんどないために，小売・サービス分野でのビジネスプランに偏る。ただし，マーケティングや会計に関してはある程度の知識があるため，アイデアは単純であっても，ビジネスシステム自体をひとひねりすれば，かなり優位なビジネスモデルができる。

　結果的に学生たちから提案されたビジネスプランは，商店街のソフト事業をサポートするもの，低迷する観光地に新たなサービスを導入するもの，地域企業の産物をネット販売するもの，集客力アップのためのイベント実施等，地域にある資源を活用しながら，地域の問題を解決するコミュニティ・ビジネスがほとんどなのであった。なかでも，学生は経営資源のうち資金，設備等の調達

能力が無いに等しいから，そうした資源を外部に依存することになる。ただし，学生には不利ばかりではなく，マンパワーを確保すること，社会人に比べて活動時間に比較的余裕があること等，優位な点も少なくはないのである。

4-2　いかに活動開始を促すか

　コンテストまでは講義の一環であるからもちろん単位が与えられるが，その後は学外での実践活動をしたいという希望があった学生にのみ，事業やイベントの立上げを若手教員たちが個別サポートしている。なぜこのように，講義と学外での実践活動とを明確に線引きするのかというと，ひとつには単位化によって，学生の自発的活動意欲を損ねてしまうという問題がある。今日では大学や商業高校でも販売実習や空き店舗出店等の活動は珍しくなくなっているが，そうした学校主導のカリキュラムの一環であれば，活動に対する単位化が必然的に求められる。けれども単位を与えれば学生自身の主体的参加意欲が欠如するおそれがある。つまりは学生たちのなかで，活動すれば単位がもらえるという意識が先行してしまい，リーダーに必要な責任感が育まれないからだ。
　第2には，報酬の問題である。学生にとっては授業以外の時間をアルバイトに費やすほうが，効率的かつ，確実に収入を得られる。その時間を不安定なコミュニティ・ビジネスに費やすことに，どれだけ魅力を感じるであろうか。一部では社会貢献意識が高い学生もいるが，便利な消費者主導の社会に育った学生たちのほとんどは，地域社会の問題へ関心を寄せる機会には恵まれてこなかった。便利な機能を備えた都市であればあるほどその傾向が高まる。
　けれども，コンテストで社会人からビジネスプランに一定の評価を受けると，バイタリティのある学生は，自らのプランの実現に意欲を燃やし始める。そうした学生たちの活動を促すためには，ボランティアではなく明確な対価が得られるビジネスを目に見える形にしていかねばならない。だからこそコミュニティ・ビジネスがマッチするのであった。無論，コミュニティ・ビジネスの目標は，営利追求ではない。地域貢献であり，地域での生活の質の向上である。ただし，地域社会と学生の接点が薄らいできた今日では，当初から地域貢献の理念を学生に説いてもしっくり受け入れられないのが現実である。だからこそ明確な「ビジネス」の対価を得ることと，それに伴う責任感が要求されるのである。

そうした仕組みと考えのもとで地域に飛び出した学生たちのコミュニティ・ビジネスが2003年から毎年ひとつのペースでスタートしており，単発的なイベント実施を含めると，これまでに多くの学生が事業やイベント実施に主体的に取り組んでいる。

　ただし，学生は一般社会人や主婦のように，地域での信用力や人的ネットワークがあるわけではない。そうしたなかで，コミュニティ・ビジネスを立ち上げるために，地域社会が学生たちにどのような姿勢で向き合ってきたのか，以下いくつかの事例をもとに検証してみたい。

4-2　商店街のソフト事業をサポートするショッピングモールシスターズ（SmS）

（1）アルバイトとは違う責任感とコスト意識

　広島市中心部にあり中四国地域で最も賑わう本通商店街で，毎週土曜日に商店街の清掃，来街者へのサービス，イベントの実施等を行っているのがショッピングモールシスターズである。一見，その清掃をする姿はボランティア団体と見間違われるが，彼女たちは商店街振興組合と業務委託契約を結んでおり，自己責任のもとで事業を展開している。

　初代代表は広島修道大学現大学院生のYさん。学部3年生のとき，起業家精神養成講座の受講とビジネスプランコンテストで準優勝したことをきっかけに自信をもち，商店街のサポート事業の企画案を商店街振興組合に自ら直接持ち込んだ。理事からチャンスを与えられ，2003年3月にショッピングモールシスターズの活動がスタートした。

　登録メンバーは約30名。毎週4名が1チームとなって活動している。代表者以外は，時給制であるが，モチベーションを高めるために事業への貢献度によって1人ひとり報酬は異なる。同じ学生が代表ということもあって，メンバー間にはみんなで事業を行おうという連帯感があり，商店街の抱える問題をビジネスを通じて垣間見ながら，そこから新しい事業提案が出てきている。例えば，高齢者を商店街に招いて一緒に買い物に同行したり，子供向けにイベントや紙芝居をしたりと，多くの企画が女子学生たちの提案から実現されている。またその際の経費は，ショッピングモールシスターズの経費として計上されるから，

第4章　コミュニティ・ビジネスの担い手育成に向けて

▲商店街の清掃事業（2003年4月）  　　▲商店街のイベント事業（2003年8月）

自然とコスト意識が彼女たちに身についてきている。

（2）本物の体験機会を与えた商店街

　もちろん，こうしたコミュニティでの活動は，商店街側の理解と協力あってのものである。当初は商店街の理事たちの間で，女子学生たちに本当に責任もって活動を継続できるものかという不安はあったというが，広報担当の理事が，「これからの若い人たちに，まちづくりの意識をもってもらいたいし，地域活動の参加チャンスを商店街は提供していくべき」という理解のもとで，事業提案が受け入れられた。また当初は大学教員が顧問という形で活動のアドバイスを行っていることも，グループの信用補完につながっている。ただし，あくまでもこの組織は学生が責任者であって，意思決定も学生に委ねられている。すでにこのコミュニティ・ビジネスは2年が経過し，現在では2代目に受け継がれている。

4-3 観光地宮島で人力車サービスをする安芸人力組

(1) 学生だからこそできる事業

2003年11月，今度は男子学生2年生4人が中心となった人力車ビジネス「安芸人力組」が事業をスタートした。観光客が伸び悩む地元観光地で，新たなサービスを考えていた2年生のT君は，中古人力車の購入資金を支援者から得たことをきっかけに，他県で人力車業を営む事業者のもとにメンバー4名で修業に行き，宮島の観光協会や商工会等の各種団体と交渉したのち，事業化にこぎつけた。

なぜ人力車なのかといえば，体力とサービスの質が競争力になること，営業日である土日祝日や秋の繁忙シーズン期は学生が時間的に余裕のある時期であること，新しい観光サービスができれば多少なりとも宮島に活気がでるのではないかと考えたことが主な要因である。

(2) 地元事業者との関係づくり

彼らの事業は，ただ人を乗せるだけのものではなく，観光案内機能に重視したサービス業でもある。安全運行管理はもちろんであるが，顧客の支持を得られるようなサービスをしていかなければ意味がない。顧客満足は一番の課題であるがゆえに，絶えず宮島の観光資源に関する学習をするため，地域住民や事業者との交流・情報交換は不可欠となる。

また，地域の理解を得なければ営業はスムーズにいかないし，地域へも貢献していかねばならない。時には地域活動へ参加したり，清掃等も行うし，また

▲通常の営業（2003年11月）　　▲結婚式での送迎サービス（2004年11月）

▲学生が運営する瀬戸田みかんネット
http://www.setoda-mikan.net/より

▲ドリームゲート主催の「中国挑戦者祭」で優勝したCOUNTRYS（2005年1月）

地元宮島の市民たちは，時には彼らの商売の相談役になったり，結婚式等の送迎の仕事を紹介したり，また人力組が店や宿を顧客に紹介したりと，もちつもたれつの良好な関係になっている。

4-5　瀬戸田町商店街でまちづくりをサポートするCOUNTRYS（カントリーズ）

　2004年の夏に開催されたしまなみまちづくり推進協議会主催の「まちづくりビジネスプランコンペ」への応募をきっかけに学生任意団体「COUNTRYS」が結成された。代表であるS君は，広島修道大学3年生。大学の起業家精神養成講座を通じて，ビジネスプラン作成に興味をもち始めた。コンペで獲得した活動資金をもとに，同年冬からは，しまなみ海道沿いの瀬戸田町商店街と連携してまちづくりイベントを開催したり，商店街からの委託でコミュニティ・ウェブサイトを製作した。今後ネットを通じて瀬戸田町の特産品を通信販売していく計画を商店街に提案し，試験販売に至っている。

5 ●事例分析──自立性促進と学習の場の形成──

　以上のように，これまでに大学の講義をきっかけとして学生が中心となって行われてきたいくつかのコミュニティ・ビジネスは，現在も継続して行われている。学生自らが地域社会に目を向け，問題意識を持ち，実践によって答えを

探すコミュニティ・ビジネスの担い手育成の場として機能しているのである。ただし，これらのように継続的に学生が事業を運営できるようになるには，いくつかの要因があった。ひとつには，地域社会の諸団体が積極的に学生に（収益のある）事業機会を提供することによって，補助金に依存しない自立的活動を促す仕組みが形成されてきたことである。それゆえに学生代表たちには，ビジネスの自己責任と自己決定能力が求められ，地域の人的ネットワークから必要な知識や情報を能動的に得ようとしながらサービスの向上に努めるようになる。活動するなかで徐々に地域社会への関心が高まり，活動を通じての責任感やコミュニケーション力が鍛えられ，リーダーシップ力も発揮できる等，人材教育効果も期待できる。

第2に，コミュニティでの潜在的人的資源であった学生ならではの強みに地域諸団体が注目し，「学習の場」が地域に形成されてきたことである。一般的に学生たちは，社会経験や経営資源が乏しく，信用力もない。いくら小さくとも学生がビジネスを担っていくにはあまりにもリスクが高い。けれどもその一方で，マンパワーや活動時間の豊富さ，加えて固定観念のない柔軟な発想等，学生のもつ優位性がないわけではない。そうした学生の「強み」を活かすために，大学で行われる座学講義に連動して，学生が実践で学ぶために必要な情報や信用力を地域諸団体が補完し，地域社会が学習の場となったからこそ，学生たちのコミュニティ・ビジネスが成り立ってきたといえるのである。

「自立性の促進」と「地域での学習の場の形成」。今後コミュニティ・ビジネスの担い手育成のためにはこの2つの視点を考慮していかねばならないだろう。

6 ● おわりに─「起業家マインド」を持つ，コミュニティ・ビジネスの担い手育成─

最後に，本章をまとめながら，コミュニティ・ビジネスの担い手輩出のために，これからの地域社会に必要な人材育成の課題を提起したい。

地域市民によるコミュニティ・ビジネスへの関心は近年急速に高まり，それに並行するかのように，大学では地域社会貢献の重要性が認識されてきている。市民のみならず，教育機関，企業，各種団体等の地域社会を構成する組織や人間が，何らかのかたちでコミュニティに寄与していくことは，今後地域社会の

発展と地域競争力を高めていく上で不可欠である。

　ただし，コミュニティ・ビジネスを担うのはヒトであり，そのヒト次第でビジネスが左右されることは，一般の企業経営と変わりはない。採算の合わないビジネスだから，兼業でのビジネスだからといって，主婦層やリタイア層，ひいてはボランティアに地域の問題解決を任せていればよいものではない。長期的にみれば，起業家的マインドを持った若い世代のリーダー人材育成を地域で考えていく時期に来ている。

　しかし，残念なことに現代の若者は，地域社会の内包する問題に目を向ける機会に恵まれているとは言えない。それは利便性，経済性，効率性重視の社会に育った世代ゆえの特徴なのかもしれない。したがって，地域が一体となって①コミュニティで若者が問題意識をもつチャンスを提供し，②経験の機会を広く与え，③コミュニティ・ビジネスの担い手を継続的・自立的に輩出する仕組みを地域で形成することが欠かせない。

　それゆえ，人材教育は教育機関が担うものという意識ではなく，地域全体で「学習の場」を用意し，次世代の自立したリーダーを育てていくために，企業，商店街，各種団体，自治体，市民等それぞれに関わる人が自分には何ができるだろうかを考えていくべきである。そうした風土を地域に醸成していくことが，これからの自立した地域社会の主役となる，コミュニティ・ビジネスの担い手育成のために最も必要とされているのではないだろうか。

[注記]
1）中小企業庁『中小企業白書』2004年版。
2）日本総合研究所『社会的起業家の実態に関する調査』2003年12月。
3）高寄昇三『コミュニティ・ビジネスと自治体活性化』学陽書房，2002年10月，87頁。
4）『近畿地域における社文系・芸術系産学連携の推進に関する調査研究』近畿経済産業局，2004年。

第5章

NPOサービスの商品化と社会的に有用な生産[1]
― 商業化するNPOの意義 ―

1 ● はじめに

　近年，営利組織と遜色のない品質と価格でサービスを提供するNPO（特定非営利活動法人，institutionalized nonprofit organization）が増えてきており，営利組織とNPO（営利サービスと非営利サービス，商品と非商品）との境界を越える現象が散見されるようになってきた。収益事業をとおしてミッション（社会的使命）の遂行を試みようとする「事業型NPO（商業化するNPO：commercialized NPO）」の存在は，今後の経済社会に様々な影響を及ぼす一方で，その存在意義が問われことになるだろう。そこで本稿では，NPOとNPOサービス（NPOが提供するサービス）の概念を整理し，NPOサービスが商品化される背景要因と，それにともなう諸問題について考察していく。そして，商品化されたNPOサービスの意義について，「社会的に有用な生産（商品）」という視点から検討していく。

　これまで，NPOが提供するサービスは，当該活動の社会性（社会奉仕の理念や精神性など）から，無償，もしくは市場価格を反映しないような価格帯で提供されるのが一般的であった。また，ボランティア・スタッフを中心とするアマチュア性から，営利組織と同等の高度で均質なサービスを提供することは困難であった。そうした特性をもつが故に，これまでNPOサービスはその質的レベルがあまり問われることはなく，市場取引とはかけ離れた生活領域で提供されてきた。それが近年では，自主財源を確保し事業の安定化を図るために，或いは市場取引をとおしてミッションを達成するために，市場価格を反映させた

サービスを提供するNPOが増加してきている。

　こうした現象は，今まで「商品（市場における取引対象）」として認識されることのなかったNPOサービスが商品として提供されつつある状況，即ち「NPOサービスの商品化」と捉えることができる。また，利潤動機にもとづく営利組織と，公益を重視する公共事業者で構成されていた市場に対して，ミッションというサービス・コンセプトをもった新たな組織の市場参入とみなすこともできる。NPOサービスの商品化は，市場におけるサービスの多様性をもたらすとともに，既存の経済社会に変革を促す現象として期待することができる。しかしNPOサービスには，クオリティの不安定性やコンセプトの不明瞭さによる地域住民（消費者市民）の不満や誤解，営利サービスとの混同を招きかねないケースが多々ある。加えて，社会性と収益性のバランス，営利組織や政府との競争・共存・補完関係のあり方といった課題も存在する。

　マーケティング論やサービス論では，NPO研究への当該理論の適用可能性とともに，NPOのマーケティングやサービス・マネジメント上の課題や方策が議論されている[2]。しかしこれらの研究では，政府や市場の失敗を補うためのNPOサービスが商品化される要因や問題点，市場で営利組織と競争・共存することの意義については十分な検討がなされていない。そこで本稿では，これらの点について既存の研究成果を整理しながら検討していく。なお，「NPO（非営利組織：nonprofit organization）」という概念は多様な組織形態と事業特性を有していることから，論点を絞るために，本稿では特定非営利活動促進法によって「制度化されたNPO（特定非営利活動法人, institutionalized nonprofit organization）」のなかでも事業化・商業化を進めるNPOに限定して議論を進めていく。

　NPOサービスの本質的特性は，「地域住民（消費者市民）によるミッションと自発的な集合行動にもとづく社会的有用性とそのコンテクストの具現・表象化」にある。事業型NPOには，市場や政府が見落としがちな市民ニーズを満たすことを目的とし，互酬にもとづく市民参画のサービスを提供していくことで，市場（商業主義）や政府（行政制度）にアンチテーゼやオルタナティヴを提示する役割がある。それによってNPOは，市場や政府との「対抗的補完関係」を形成するとともに，人々の関係性や共同性を形成していく必要がある。

2 ● 事業型NPOとNPOサービスの概念

NPO(非営利組織)には多様な形態があり,かつそれらが提供するサービスも極めて多岐にわたっている。そこで以下では,NPOの一般的な定義にもとづいて事業型NPOとNPOサービスを定義していく。

2-1　事業型NPOの概念

NPO(非営利組織)とは,市民1人ひとりのボランタリー行動の集合形態[3]であり,利潤動機よりも「ミッション(組織の社会的使命:Mission)」を優先し,その遂行のために余剰(利益)を再投資する組織である。NPOの代表的な概念規定としては,Lester M.Salamonによる定義[4],Johns Hopkins大学による非営利セクターの国際比較調査による定義[5],国民経済計算(新SNAと改訂SNA)による定義[6],民法によるNPO法人[7]の定義などがあげられる。それらの共通性を踏まえたうえで整理すると,事業型NPO,とりわけ消費市場を志向する事業型NPO (institutionalized nonprofit service organization oriented consumer market)は,以下の要件をもって定義することができる(図表5-1参照)。

公式性……公共目的を遂行するために設立された公式な組織(法人)であること。したがって組織としての体裁が整っていない任意団体や地縁団体は除かれる。これは,制度化されていないNPOよりも,NPO法人の方が市場や地域社会への影響力が大きいことにも起因する。

非政府性……制度的に政府から独立している民間組織であること。したがって共済組合や各種事業団,地方公共団体,公社公団等は除かれる。

非営利性……活動によって生じた利益を所有者に分配することなく,ミッション遂行のために再投資されること。したがって余剰金配当のある協同組合は除かれる。

独立性……組織内に自主運営機能を有しており,外部の組織によって運営されないこと。

ボランタリー性……組織の運営上,寄附やボランティア等の自発的な市民参加を含んでいること。

図表5-1　NPO法人（特定非営利活動法人）の位置づけ

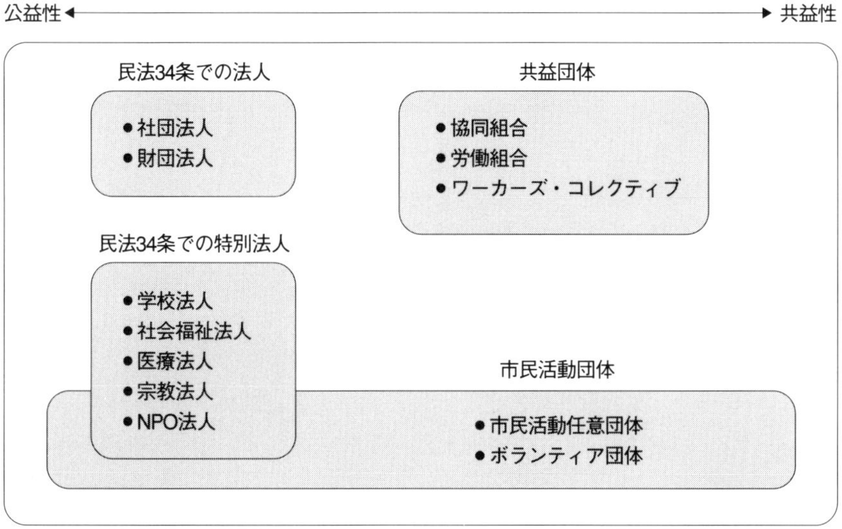

公益性 ◄──────────────────────────────► 共益性

- 民法34条での法人
  - 社団法人
  - 財団法人
- 共益団体
  - 協同組合
  - 労働組合
  - ワーカーズ・コレクティブ
- 民法34条での特別法人
  - 学校法人
  - 社会福祉法人
  - 医療法人
  - 宗教法人
  - NPO法人
- 市民活動団体
  - 市民活動任意団体
  - ボランティア団体

土堤内昭雄「NPOが拓く21世紀の成熟社会―その可能性と課題―」『ニッセイ基礎研REPORT』
http://www.nil-research.co.jp/report/econo/eco0005c.html より加筆修正

公益性（非党派性）……当該組織の提供するサービスは，所有者だけでなく「不特定かつ多数の者の利益増進に寄与」していること。したがって，宗教団体や政党政治団体，互助会，労働組合は除かれる。

市場志向性……経済的に意味のある価格で他の経済主体に財やサービスが提供されていること。したがって経済団体などの事業者向けNPOサービスは除外される。

2-2　NPOサービスの概念

以下ではNPOサービスの諸特性をとおして，当該サービスの概念を明らかにしていく。

(1) 集合財としてのNPOサービス

Burton A. Weisbrodは，NPOサービスを集合財として捉え，市場の失敗との関係からNPOの存在理由と効率性を論証している[8]。集合財とは「非排除性と非競

合性をもつ財」で，いったん供給されれば，ある個人が消費した後でも希望するすべての主体が対価の支払いの有無に関わらず等しく使用・享受できる財をいう。Weisbrodは，超過需要（excess demand）や差別化需要（differentiated demand）を集合的に充足させるためにNPOが設立されるという「集合財仮説」を提示している。ここでいう超過需要とは，政府の供給サービスよりも多くのサービス提供を望む人々の需要であり，具体的には警察の警備を補完するためにガードマンを雇ったり自警団を組織したりすることが挙げられる。差別化需要とは，政府が供給するサービスとは異なる種類のサービスを望む人々の需要で，公立学校よりも私学教育を選好することが挙げられる。

しかし，こうした集合財の概念では，事業型NPOが私的財を商品として提供している事実や，集合財への需要をもつ人々が営利組織よりもNPOを選択する根拠を十分に説明できない。この点についてWeisbrodは，NPOを私的な性格をもつものと公共的なものに分け，後者をさらに「信頼型NPO」と「集合型NPO」に分類している[9]。信頼型NPOとは，事業として私的財を提供する事業型NPOで，医療・福祉系のような消費者保護の要素をもっている。信頼型NPOが提供する財，即ち「信頼財」は私的財と集合財の中間に位置する。他方，集合型NPOはメンバー以外の者に対して便益を提供する組織で，科学研究や海外協力，権利擁護，政策アドボカシーなどが該当する。

（2）NPOサービスと営利サービスの相違点

マーケティング論や組織論の視点からは，NPOと営利組織とのマーケティング特性や組織特性にもとづいてNPOサービスの概念が明確化されている。NPOと営利組織とは，社会に提供するアウトプットが異なるだけでなく，組織の基本的な行動原理やミッション（Not-for-profitとFor-profit），活動の結合形態や構成員の動機（インセンティヴ），市場との関係といった面でも異質性を有している。

営利組織は資本を介して人が結合する組織であり，利益が獲得されなければ存在理由を失う。それ故に，営利組織は収益という金銭的基準を優先し，利益は出資者に配分される。これに対してNPOは，まず自発的かつ直接的な人の結合，即ち「集合行動[10]」から出発し，活動の成果は市場以外の社会的な場で評価される。そのため，NPOは財務的余剰を求めず，非財務的目標としてミッショ

ンの優位性が与えられる。NPOにとっても活動資金は重要だが，利益が生じるかどうかは二次的な問題である。社会的・公共的ミッションにもとづいて獲得された利益はすべて次の活動に回され，出資者には配分されないために免税措置が受けられる。

営利組織は，顧客である消費者ニーズの満足を目指す消費者至上主義に立って商品（有形財）とサービスを市場で販売し，私的・個別的な利潤の最大化を目指して活動する。NPOが社会に提供し得るもの（product offering）には，「商品（有形財），サービス，社会的行動」がある[11]。社会的行動とは，公益のために人々の習慣的な行動パターンや意識を変えることをいう。NPOの顧客（支援者）は多様で，資源獲得と資源配分の2種類の顧客が存在する。NPOでは消費者至上主義と組織使命の達成は相入れないものとみなしているため，顧客志向のモデルは矛盾する。NPOは長期的展望に立ち，社会的利益のために顧客が望まないような行動を起こさせるように働きかけることがある。

営利組織は代価を支払って経営資源を獲得しているのに対して，NPOは営利組織や政府，市民などから寄附金や補助金，ボランティア，割引税率といった形で，無料もしくは廉価な支援（経営資源）を得ることができる。また，大型のNPOは，営利組織よりも大衆の関心をひきつけやすい。そのため，外部勢力がNPOによるマーケティング活動の形成と制約において多大な影響力をもつ。そして，NPOはいくつかの当局（政府）が発する指令や現行法の規制に拘束される。NPOは，管理者，専門家，そして強力な政治勢力やボランティア勢力による二重・三重のマネジメントが行われる。

Estelle Jamesは，事業型NPOはある意味で商業的活動を行う営利組織と政府との混種であると指摘している[12]。事業型NPOと営利組織との相違点であり，政府との類似点は，利潤の分配をすべき所有者がいないことと，資源は内部で使用されることにある。また，政府との相違点であり，営利組織との類似点は，自発的なベースで資金を獲得しなければならないことである。

3 ● NPOサービスの商品化にともなう諸問題

　これまでの整理から，事業型NPOとNPOサービスの特性は明らかになった。しかし，なぜNPOが市場を志向しサービスを商品化するのか，その必然性や意義についてはまだ明らかではない。NPOサービスの本質が営利を求めない自発的な集合行動にあるとするなら，サービスを商品化し，営利組織と競争しながら利潤を獲得しようとすることの必然性については疑問が残る。市場の失敗や政府の失敗を補い，営利組織とは異なる集合財や私財を提供するとされるNPOが，なぜ営利組織と競合する市場への進出を試みるのか。事業型NPOとNPOサービスの存在意義はどこにあるのか。以下では，NPOサービスが商品化される背景要因や必然性，それによる問題を整理していく[13]。

3-1　商品化の諸要因と問題点

　NPOがサービスを商品化する第1の理由は，サービスの提供コスト（生産・管理・運営費）を補填するためにある。第2に，対価を得ることで，仕事に対する役割と責任が明確化されるという理由がある。これには，社会・経済的意義のあるプロフェッショナル・サービスとして，NPOサービスに対するより高い社会的評価を求める動機と，そうした社会環境への期待も含まれる。第3に，政府からの制度的寄附に依存しない自主財源を得ることで，NPOはより自律的な活動を行うことができる。第4に，補助金制度がプロジェクト委託や事業委託契約などの事業評価型の助成金へと移行していること。さらに，病院や教育，福祉といった社会的なサービスに営利組織が参入してきたことで，NPOは市場競争を重視するようになったこと。そして，社会的な企業の可能性を疑うことで，競争や市場が効率的で革新的であると考えている人々は，市場で競争するNPOを評価する風潮がある，といった理由がある[14]。

　一方，NPOサービスを商品化することで生じる問題点として，Gregory J. Deesや谷本寛治は次の点をあげている[15]。第1に，ミッションに従った事業機会の損失。NPOは収益事業に多くの資源を投入することで，ミッションを果たすための事業機会を失う可能性が高くなる。さらには，ミッションそのものの存亡の

危機に至る。第2に、税制優遇や寄附、ボランティアによる労働力確保など、NPOは営利組織よりも優位な状況でありながら市場競争をすること、即ち「アンフェアネス（不公平な競争）」への批判がある。第3に、公共的な価値と衝突した場合、社会的な特権などの政治的な抵抗が増大する可能性がある。そして、「クラウディング・アウト（clouding out）[16]」である。これは、NPOがミッションから逸脱した活動をし始めると、社会から消極的な評価を受けるようになり、寄附などの支援が減少することをいう。クラウディング・アウトは、NPOの事業収入が増加することで、寄附金の提供者が自らの貢献があまり必要ではないと感じるときに、或いは、こうした歳入特性が組織をあまり魅力的ではないものにしてしまうような場合に生じる。

　Weisbrodは、NPOによる収益事業の拡大について、課税活動と非課税活動の法的境界を越える可能性があると指摘している[17]。NPOによっては、利用料金を徴収できるところとそうでないところがあるが、それ以上に、料金を課すことは、対象となるいくつかの受益者が排除されるという不利益を負わせることになる。NPOが社会的に好ましい集合財を追求することと、利潤追求を目的とする市場（収益事業）に従事することとの間には、緊迫した関係が起こる傾向にある。公的な補助金や助成金、寄附金といった財政支援を受け、非営利の社会的活動ということから免税措置や市民の信頼を獲得しやすいNPOは、これらのアドバンテージを利用して市場活動に従事すれば、「見せかけの利益集団（for-profit in disguise；FPIDs）[18]」以外の何者でもないといった批判も免れ得ないだろう。

3-2　サービスの商品化とミッション

　事業型NPOは、サービスの商品化がミッションによって正当化されていなければ、Weisbrodが指摘するような自己矛盾を抱えた見せかけの利益集団になりかねない。そして、その存在意義が問われる可能性は大きくなるだろう。SklootやDiMaggioは、NPOによる収益事業（商業活動）は直接的であれ間接的であれ組織のミッションに影響すると指摘している[19]。特定の収入に依存することは、ミッションを選択または覆す、或いは組織の目標を変える可能性があるからである。Dennis R. Youngは、メンバーシップからの収入と商業活動からの収入と

の関係は，本質的にはアンビバレントな（反対感情をあわせもつ矛盾した）ものであるとして，次のように述べている[20]。

　NPOが営利組織と異なるゴール（目標）や機会，インセンティヴ（誘因）をもっているなら，商業活動―営利組織を連想させるような形態と度合いの利益志向の活動―に従事することについて異なる意思決定をすべきではないだろうか。非営利の慈善的組織は，営利組織が受けることのできない免税された寄附を受け取ることができる。NPOは，ミッションに関連しないビジネス活動からの利益には課税されるが，ミッション関連の活動に対する法人税は支払っていない。こうしたことは，異なる類の活動に従事する上でのインセンティヴに影響を及ぼすだろう。

　ゴールもまた問題である。営利組織は一般に，株主の投資に対する利益の極大化を追求するものとして特徴づけられるが，NPOを特徴づけるものはあまり明確ではない。NPOの支援者たちは，営利組織と政府からは提供されていない活動に従事する公共サービス機関として，そして，より広くいえば，社会的関心について個人が表現するための別の手段を提供する公共サービス機関として自ら（NPO）を表明している。

　Weisbrodは，NPOは「多様な財を提供する組織（multiproduct organizations）」であり，直接的・間接的に組織のミッションに貢献する3つのタイプの財を生み出す可能性を有した組織であるという「NPOの行動モデル」を示した[21]。同様に，Estelle James[22]やDennis R. Young[23]もミッションとの関係（貢献度）からNPOの行動モデルを提示している。これらの行動モデルを要約すると以下のようになる。

① 好ましい集合財（a preferred collective good, favored outputs）……組織のアウトプット・ミッションからなる集合財で，私的な市場では販売が困難なもの。マネジャーによってミッションと関連づけられ，価値づけられたもの。基礎調査や環境保護，絶滅の危機に瀕する動物種の繁殖といった集合財が含まれる。これには，不完全な情報をもった地域住民（消費者市民）に対して，組織はご都合主義的に行動しないという公的な「信頼」も含まれる。

② 好ましい私財（a preferred private good, neutral outputs）……それ自体はミッションと関係ないが，付随的（ancillary）にミッション関連の財の提供に関係しているもの。利用料を課す可能性をもっており，ミッションに関連した基

本的アウトプットの資金源となる。私的市場で販売可能だが，いくらかの地域住民には，支払能力に依存しないで利用できるようにしたいとNPOが望んでいるもの。ターゲット層に対して向けられており，それがもつ社会的価値について共通認識があり，受容者の支払能力を超える特定のサービス—医療に困窮している人たちへの治療，コミュニティ・センターへの若者のアクセス，動物園と博物館への学童の入場料—等の私的な財をさす。これは，ある意味では集合財でもある。私的サービスの本質的特性は，利用料金を課す潜在的な可能性をもっていることにある。

③　好ましくない私財（a nonpreferred private good, disfavored outputs）……ミッションと関連性がないか付随的なもの。ミッションに関連した好ましい商品を提供するために必要な収入（資金源）を得るという目的のためだけに生産されるもの。或いはミッションを損ねるような，マネジャーにとって不愉快なもの。

　①と②は，組織のミッションに貢献し，政府の補助金と免税に対する正当性を示すという点で，ミッションに関連した好ましい財である。NPOはそれぞれについて，価格で競争相手を抑制することを条件として，その生産量を決める（まったく生産しないという場合も含めて）[24]。NPOが付随的な財の生産を選択する可能性は，好ましい財からの資金収入を高めようとする組織の要望があるという理由においてのみ生産される。また，NPOが関連性のないビジネス活動に従事するとき，ランダムに選ぶのではなく，有用性の低い可能性がある活動に対して収益性を調整する一方で，利益を最大化できるような活動を選ぶ傾向にある。

　事業型NPOは，常にミッションとの関係からサービス特性や収益活動のあり方を見直し，サービスをとおして地域住民に何を訴求すべきか，市場を志向する意義や目的を問い続ける必要がある。これが，利潤追求を優先する営利サービスと大きく異なる点といえる。安易な商業化はNPOの存在意義を問われるだけでなく，組織自体の存続の危機に至りかねないだろう。

4 ● 社会的に有用な生産（商品）としてのNPOサービス

　NPOサービスの商品化は、時としてNPOの存在意義を脅かしかねない。それでも収益事業を志向するのにはどのような意義があるのだろうか。以下では、「社会的に有用な生産」という概念をとおして、NPOサービスを商品化することの意義について検討していく。

4-1　社会的に有用な生産（Socially Efficient Production）

　社会的に有用な生産とは、1970年代半ばにイギリスの軍需生産会社ルーカス・エアロスペース社の労働者が資本側の相次ぐ人員整理・合理化に対抗して、兵器生産を主体としないオルタナティヴな企業経営のあり方を求める民衆的な対案戦略「ルーカス・プラン」のなかで打ち出されたアイデアである[25]。森谷文昭は、ルーカス・プランの経緯を整理したうえで、社会的に有用な生産の概念を次のように述べている[26]。

　市場で取引される商品（サービス）は、直接的・間接的に人々のニーズや欲望を満たす以上、すべからく有用性＝使用価値を内包している。社会的に有用な生産の概念には、そうした商品のうち、何が社会的に有用で何が有害かの選択は、生産や流通に携わる労働者と消費者（労働生産物の利用者）によって主体的に行われる、ということまでもが含意されている。社会的に有用な生産は、これを目指す具体的な実践活動に即してみると、協業労働、労働の共同性の回復という契機と並んで、労働者同士の関係のあり方、労働者と消費者との関係のあり方、労働と自然との関係のあり方を問い返し、つくり変えるという契機をはらむものである。

　人々が協同の営みとして有用な生産を実現するには、まず有用な商品を特定し、それを設計・開発していくプロセス自体が、それに関わるすべての人々にとって意義あるような形で組織されることが肝心である。だが、それに続く製造、流通、利用、廃棄（そしてさらには再生・再利用）に至るまでの全プロセスについても、また商品の利用者との関係のあり方についても、同じことがあてはまる。つまり、「社会的に有用な生産」の概念は、個々のプロセス内での労

図表5−2　社会的に有用な生産（商品）の諸特性

社会的に有用な生産（商品）の特性	
有用な商品の決定	民主性・・・有用な商品は民主的な討議，民衆的なプランニングのなかで決められるべきもの（概念規定１）
人と商品との関係	人間生活の優先・・・人間や人々の生活はモノや技術よりも優先されるべきである（規定２・８・11・16）
商品の志向	環境志向・・・環境対応型の生産・商品志向であること（規定５・６）
市場との関係	市場経済へのアンチテーゼ・・・過当な経済競争とそれにともなう対立へのいましめ（規定９）
基本姿勢	オルタナティヴの提示・・・市場経済を尊重・優先するライフスタイルや価値観，生活文化の変革（規定３・４・７・10・12）
社会との関係	マイノリティとの共生・・・経済・社会・文化的マイノリティへの配慮と共生（規定13・14）
理想的な社会像	マルチ・ステイク・ホルダーの調整・・・企業と消費者だけでなく，国家・民族など，様々な社会・文化的関係や地球環境との関係など，多様な利害関係を調整し共生していく社会の姿（規定13・14）
有用性の基準	相対的で動的な概念・・・社会・文化・歴史的要請にかなうこと（規定15）

働のあり方や人々の関係のあり方，個別プロセスを越えた人々の相互関係のあり方，職場や企業の枠や国境を越えた他者との関係のあり方，さらには人間と自然環境との関係のあり方を，いかにより平等で，互恵的なもの，非破壊的なものへと変えるのか，というアプローチの仕方そのものに関わる概念である。

　社会的に有用な生産について，Mike Cooleyは16の要素を挙げて概念規定をしている[27]。それにもとづいて社会的に有用な生産の特徴を整理すると，**図表5−3**のようにまとめることができる。ここで留意すべき点は，社会的に有用な生産とは，固定的でも政治的に中立でもなく，社会状況や政治，時代の背景などによって変化する相対的で動的な概念だということである。社会・文化・歴史的要請に従って「社会の役に立つ」商品を生産するということは，新たな社会的関係や文化を創造することにつながる。しかし同時に，有用性の判断基準は当該社会・文化・歴史的要請との関係で決まることであり，その影響を免れ得ないため，普遍的な判断基準は存在しないといえる。

4-2　社会的に有用な生産としてのNPOサービス

　社会的に有用な生産の概念は，事業型NPOと商品化されるNPOサービスに対してどのような分析視点を提示し得るだろうか。ルーカス・プランでは，モノづくりの世界における社会的に有用な生産のあり方が示されているが，この考えはサービスやボランティアなど，様々な産業や生活領域に適用することができるだろう。以下では，社会的に有用な生産が提唱された背景と，その本質的特性である非営利性，そして社会的に有用な生産のアウトプットである商品の本質的特性をとおして検討していく。

（1）社会的に有用な生産の背景

　ルーカス・プランでは，独占資本と労働者との対立軸にもとづいて，働く仲間とともに職と職場を守るための闘いが出発点となっている。同時に，労働や協同事業の意味について問い直し，地域社会やより広範な社会との関わり方について模索するといった方向にまで踏み出している。このプランでは，自らの労働と，それに関わる支援者や地域住民など様々な人々による協同の営み，分権的で相互関与的な自治の営みや関係を築く方向性が労働運動の視点から追及されている[28]。そこには労働者のニーズだけでなく，地域住民（消費者市民）や自然環境など様々なステイクホルダーの価値を配慮し，それらをバランスよくひとつの商品に盛り込もうとするマルチステイクホルダーの観点が中心に据えられている。

　NPOサービスに関しては，資本と労働との二項対立ではなく，政府，市場（営利組織），地域住民による「対抗的補完関係（建設的対抗関係）[29]」として社会・経済主体間の関係を捉える方がより有効であると考えられる。事業型NPOは，政府や市場では満たすことのできない市民ニーズに対して，政府や市場とは異なる「市民の協同作業」という原理にもとづいて修正を図り，様々な制約条件や力関係を変えることができるだろう。或いは，贈与の制度化のように，既存の市場制度や財政制度の枠組みの外に，市民運動による別の資源配分の仕組みをつくることも可能であろう。

(2) 非営利であること

　ルーカス・プランにおける「非営利活動」とは，営利活動（利潤追求）のもとでは犠牲となりかねない民主的な労働過程（労働者の熟練・技能や福利・厚生）を取り戻すことであった。そこでは，民主的なプロセス，自然環境や資源，環境負荷を減らし地域社会がコントロールできる技術を用いることが重視されていた。そして最終的には，民主的な労働過程を犠牲にするような経済社会（競争的市場）に対する問題提起なり，オルタナティヴの提示までが含まれていた。

　NPOサービスにおける非営利活動とは，利潤の非分配や寄附・ボランティアへの依存といった表面的な意味に留まるものではなく，利潤目的の営利活動ではできないこと，或いは営利活動のもとでは犠牲となっていたようなことに取り組んでいくところに意義がある。それは，社会や経済に対する一個人の動機や疑問（矛盾）なり問題意識に端を発し，地域住民（消費者市民）自らの手で取り組まれ，実現されていく。そうした活動をとおして，既存の社会・経済システムに変革を促す，もしくは自らの手で生活を変えていくところに最終的なゴールがある。NPOサービスとルーカス・プランには，「非営利」という原則にもとづいて政府や市場に民主的なオルタナティヴを提示し，変革を促す要因なり契機をつくり出すところに共通の存在意義があるといえる。

(3) 有用性と表象による関係性・共同性の実現

　ルーカス・プランにおける「社会的に有用な生産（商品）」とは，個別商品の有用性（そのアイデアやコンセプト）のみで意味をもつものではなく，人々の協同の営みの具体的な表現として，労働者によって集団的に提起されたものである。それは，協同，自治・自主管理，民主主義といった，人々の平等で互恵的な関係の具体的な表象（シンボル）である。社会的に有用な商品には，生産に至るコンテクスト（経緯や背景）や生産者（労働者）の思いを伝える媒介的機能も含まれている。社会的に有用な生産は，こうした有用性と表象によって，単なるモノの生産に留まることなく，人々の関係性や共同性をつくる行為にまで進展している。

　NPOサービスに関しても，社会的に有用な生産（商品）と同様，サービスの有用性と表象によって人々の関係性と共同性を実現することが求められる。NPOサービスが，営利組織のサービスと機能的に同じであったとしても，そこに付

与される意味なり，サービス提供に至るコンテクストは異なる。また，営利組織が顧客との間で形成する関係性は利潤動機にもとづくものであり，NPOが志向する平等で互恵的関係とは異なる。したがってNPOサービスには，営利組織とは異なる社会的次元での有用性と表象が重要になる。

　NPOサービスが社会的に有用な商品であるためには，サービス取引をとおして社会全体の関係性や共同性をより平等で互恵的な形へとつくり変えていく必要がある。人々の新たな関係性や共同性をつくる上では，具体的に有用な商品を人々の協同作業として構想し実現することが重要な意味をもつ。NPOサービスは，地域住民（消費者市民）のニーズにもとづき地域住民自らの手でそれを実現するというコンセプトやコンテクストを表象化し，かつそれを人々に訴求することで支持を得ていく必要があるだろう。したがって，それらの説明が十分にできないレベルにまでNPOサービスを商品化することは，社会的に有用な生産としては捉えられない可能性がある。こうしたことから，NPOサービスの本質的特性は，「地域住民（消費者市民）によるミッションと自発的な集合行動にもとづく，社会的有用性と表象をとおした関係性・共同性の実現」といえる。

5 ●まとめ

　本稿では，事業型NPOとNPOサービスの概念を明らかにした上で，NPOサービスが商品化されること（NPOの商業化）の必然性や意義を明らかにしていった。そして，商品化されたNPOサービスを把握する視点として，社会的に有用な生産の概念が有効であること検討し，市場におけるNPOサービスの役割を考察していった。これまでの議論を踏まえてNPOサービスと営利サービス（NPOと営利組織）との相違点をまとめると**図表5－3**，**図表5－4**のようになる。

　NPOサービスが「社会的に有用な生産（商品）」であるためには，**図表5－4**で示した民主性，人間生活の優先，環境志向，市場経済へのアンチテーゼ，オルタナティヴの提示，マイノリティとの共生，マルチステイクホルダーの調整，社会・文化・歴史的要請にかなうこと，といった要件を満たしていく必要がある。NPOは，市場や政府では対応できない「市民ニーズの代弁者」として，地域住民自らが生産者になり，地域のためにサービスを提供することで，関係性

図表5−3　NPOと営利組織との相違点

	NPO	営利組織
ミッション	・社会的使命（社会性・公共性）の達成 ・活動目的や戦略はミッションに規定される ・あらゆる経済的な意思決定はミッションの遂行と，その効果の最大化を目指して行われる	・私的・個別的な利潤獲得が目的 ・ミッションはこれに従属する
組織の行動原理	・自発的な集合行動にもとづく組織形態 ・営利よりミッションや理念が優先（組織運営においてはどちらも必要） ・効率性より有効性，秩序より自由，命令より自発性が優先される	・利潤動機にもとづく組織形態 ・営利（利潤動機）の優先 ・効率性，秩序，命令（権限―責任関係）が優先される
成果配分	・非分配制約（収益は次の事業活動に再投資し，会員や寄附者には配分しない）	・収益は出資者（株主）に配当
経営資源	・互酬関係（寄附や助成といった贈与）にもとづく資源の獲得 ・ボランティアによる人的資源の確保 ・基本的に地域内で資源を獲得し活用する	・株式や利潤といった市場取引をとおした経営資源の獲得 ・労働市場をとおした人的資源の確保 ・地域・国内・世界的規模での資源調達
組織形態	・様々なステイクホルダー（創設者・理事・スタッフ・会員・ドナー・一般利用者）による構成 ・ステイク・ホルダー間の関係調整が重要 ・ボランティアも交えた参加型の組織	・基本的に特定のステイクホルダー（所有者＝株主）が強くコミットする（株主以外のステイクホルダーとの関係も重視されつつある） ・官僚型の組織
ガバナンス	・多様なステイクホルダーによる監視と統治 ・無報酬の理事会が最終的な意思決定・監督機関	・私的所有権にもとづく株主と取締役会
評価	・目的達成のために投下された資本の効率性と，活動成果の有効性が大きな評価基準 ・NPO活動の評価システムとアカウンタビリティーが重要	・経済性・収益性による評価

谷本寛治「NPOと企業の境界を超えて」『組織科学』Vol.33 No.4, pp.19-31, 2000年をもとに加筆修正

図表5-4　NPOサービスと営利サービスとの相違点

	NPOサービス	営利サービス
基本姿勢	●ミッション・理念優先 ●ミッションにもとづき、契約による社会的商品やサービスを提供 ●長期的展望から社会的利益を優先（収益の上がりにくい領域にも積極的に関与）	●営利優先 ●契約による商品・サービスの提供
商品化の動機 （利潤動機）	●コスト補填 ●自主的な財源の確保 ●仕事への評価	●ビジネスチャンス ●組織の継続・発展
サービスの目的	●政府や市場の失敗の補填 （市場では解決できない市民ニーズへの対応） ●社会的関心の表現手段	●消費者ニーズへの対応 ●顧客志向・消費者至上主義
アウトプット特性 （商品・サービス・ 社会的行動）	●社会的有用性（機能）＋表象（シンボル） ●市民ニーズの具現・表象化 ●価格設定はミッションにもとづいて柔軟に対応し、顧客（支援者）による差別化も行われる ●商品・サービスの不確実性（クオリティの不安定性）	●市場（収益）性をもつ有用性＋表象の実現 ●市場ニーズの具現・表象化 ●価格は利潤最大化原理に規定される
サービスの 提供形態	●地域住民＝生産者によるサービス提供（双方向性） ●互酬（相互扶助・互恵）にもとづく取引関係	●生産者（企業）から消費者へ ●生産と消費の分離（一方向性） ●専門的・組織的対応
市場・社会行動	●商品・サービス＋社会的行動 ●人々の関係性・共同性の実現 ●政府や市場への変革を促す（アンチテーゼ、オルタナティヴの提示） ●政府・市場・市民の対抗的補完関係	●商品・サービスの提供 ●競争優位性の獲得 ●顧客との長期・安定的な取引関係 ●利潤獲得をとおした社会貢献

と共同性を実現していかなければならない。こうした役割（有用性）を果たすことで，NPOは政府や市場との対抗的補完関係を実現することができるだろう。

[注記]
1） 本章は，拙稿「NPOサービスの商品化に関する基礎的考察―消費市場志向型NPO法人（商業化するNPO）の意義について―」『商学研究年報』専修大学商学研究所，第29号，2004年3月，45-77頁に加筆修正を加えたものである。
2） NPOに関するマーケティング研究（マーケティング概念の拡張論）については，以下の文献があげられる。Philip Kotler & Sydney J.Levy, "Broadening the Concept of Marketing," *Journal of Marketing*, Vol.33, 1969, pp.10-15. P.Kotler & S.J.Levy, "A New Form of Marketing Myopia," *Journal of Marketing*, Vol.33, 1969, p.56. P.Kotler, "A Generic Concept of Marketing," *Journal of Marketing*, Vol.36, 1972, pp.46-54. P.Kotler, *Marketing for Nonprofit Organization*, Prentice-Hall, [1975]（井関利明他訳『非営利組織のマーケティング戦略』第一法規出版 [1991]），Christopher H.Lovelock & Charles B.Weinberg, *Public and Nonprofit Marketing*, Scientific Press, [1984]（渡辺好章・梅沢昌太郎監訳『公共・非営利のマーケティング』白桃書房 [1991]），田村正紀「マーケティングの境界論争」『国民経済雑誌』神戸大学，第135号第6号，[1977] 100頁。
3） Rodney Hedley & Justin D.Smith （eds.）, *Volunteering and Society: Principles & Practice*, National Council for Voluntary Organisations, [1992]（小田兼三・野上文夫監訳『市民生活とボランティア：ヨーロッパの現実』新教出版社 [1993]）.
4） Lester M.Salamon, *America's Nonprofit Sector: A Primer*, The Foundation Center, [1992]（入山映訳『米国の非営利セクター入門』ダイヤモンド社 [1994]）.
　Salamonは，NPOに共通する特徴として以下の6点をあげている。
・公式性…公共目的を遂行するために設立された公式な組織（法人組織）であること。有資格の非営利組織は契約当事者となることができ，組織活動に対する役員の個人的財政責任はない。
・非政府性…制度的に政府から独立している民間組織であること。
・非営利性…活動によって生じた利益を所有者に分配することなく，組織の使命遂行のために再投資されること。
・独立性…組織内に自主運営機能を有しており，外部の団体によって運営されない。
・ボランタリー性…組織の運営上，寄附やボランティア等の自発的な市民参加を含んでいること。
・公益性…公益の増進に貢献していること。
　こうした分類基準には恣意性が含まれていることは否めない。NPOの非政府性や自主管理性については，政府や企業からの補助を受ける際に何らかの条件がつく場合が多いため，NPOとしての完全な独立性は困難といえる。また，公益性の判断にも恣意性がともなう。しかし，Salamonの提示する特徴はNPOを把握する上で標準的な指標と考えられる。

5）Lester M.Salamon & Helmut K.Anheier, *The Emerging Sector: An Overview*, Manchester University Press, ［1996］（今田忠監訳『台頭する非営利セクター』ダイヤモンド社［1996］）.
　　Johns Hopkins大学による非営利セクターの国際比較調査（Comparative Nonprofit Sector Project: JHCNP）では，Salamonの定義する「非政府性」，「非営利性」，「独立性」，「ボランタリー性」に，以下の項目が付加されている。
・形式性…法人格の有無よりも，組織としての体裁を整えていること。即ち，実質的に定款等を有し，意思決定システムが明文化され確立されていること。
・非党派性…サービスを受ける対象が限定されていないこと。党派性の強い宗教団体や政治団体等は除かれる。
　　この研究では，非営利セクターの国際比較が目的となっているため，多様なNPOの構造と活動の最大公約数がとられている。そのため，組織が提供するサービス特性（対家計／対企業サービス等）や商業活動の規模やウェイトといった点よりも，NPOの組織構造や運営上の基準にもとづく定義がなされている。
6）国際連合編，経済企画庁経済研究所国民所得部訳『国民経済計算の体系』（1993年改訂），経済企画協会［1995］。大住荘四郎「民間非営利セクターの範囲に関する比較研究」『季刊国民経済計算』経済企画庁［1995］第2号，75-94頁。
　　「新SNA（68SNA）」では，経済活動と制度部門の2つの側面から「民間非営利団体（NPI；nonprofit institution）」が類型化されている。経済活動別では，NPIは「対家計民間非営利サービス生産者」として，産業，政府サービスとともに経済活動の1分類を占めている。これは，利益追求を目的とせずに社会的，公共的サービスを家計に提供する団体で，特定の目的遂行のために集まった個人の自発的な団体である。活動費用は会員からの会費や個人，企業，政府からの寄附や補助金等によって賄われている。
　　一方，制度部門では，NPIは「対家計民間非営利団体（NPISH: non-profit institution serving households）」に分類されている。これは，非営利サービス生産者として本業を営み，同時に営利の産業活動を副業として別の事業所で営んでいるもので，「対家計民間非営利団体」とは，他の方法では便利に提供し得ない，社会的，公共的サービスを家計に提供する特定の目的を遂行するために集まった団体をさす。その要件は，非営利性，非政府性，組織形態，非商品の提供である。組織形態とは，「事業所統計調査（総務省）」の経営組織別分類にある「会社以外の法人」，及び「法人でない団体」をいう。非商品の提供とは，提供するサービスが一般に市場取引によらず，販売された場合もその収入は生産コストをカバーしないことを意味する。企業向けサービスは対象外である。
　　「対家計民間非営利団体」の目的は，調査及び科学研究機関，教育，医療及びその他の保健サービス，福祉サービス，レクリエーション及び関連文化サービス，宗教団体，職業及び労働組合及び市民団体，その他に分類される。このなかには商業活動を副次的に営む団体が含まれるため，経済活動分類における「対家計民間非営利サービス生産者」よりも一般的に範囲が広くなっている。ただし，「対家計民間非営利団体」は実際の推計では産業としての活動は行わないものと想定されているため，両者の範囲は一致するとみなされている。
　　これに対して「改訂SNA（93SNA）」では，NPIは制度部門別分類によって統一されている。ここでいう非営利団体とは，「それを設立，支配，資金供給する単位が，それを所得，利益

またはその他の金融的利益の源泉とすることを許されないようなステータスで，財やサービスの生産を目的として創設された法的または社会的実体」をいう。つまり，「家計に対して財やサービスを供給する民間の団体で，利益の分配が認められないもの」を意味する。NPIは市場との関係から以下の2種類に大別される。

- 市場生産に従事する非営利団体…経済的に意味のある価格（生産費用にもとづいて設定され，かつ供給量と需要量に影響する価格）で，他の経済主体に財やサービスを販売する非営利団体（対企業非営利団体も含む）。医療，教育，社会サービス等が「非金融法人企業」または「金融機関」に分類される。
- 非市場生産に従事する非営利団体…生産する財やサービスのすべてないしは大部分を無償或いは経済的に意味のない価格で供給する非営利団体。これはさらに，「一般政府（政府による支配及び主な資金の供給を受けている非営利団体）」と，「対家計非営利団体（政府から独立した非営利団体）」に区分される。「対家計非営利団体」はさらに，学術団体，政治団体，労働組合，宗教団体，文化・スポーツクラブなど，構成員を対象としたサービス提供を目的とした団体と，慈善，救援，援助等の目的をもった団体の2つに分類される。

営利組織と非営利団体との基本的な行動原理や資金供給構造の相違に関わらず，「改訂SNA」では，市場生産に従事する非営利団体は営利組織とともに「市場生産者」として分類されている。これは，市場生産に従事する非営利団体の進展といった実体経済の変化を反映しているためと思われる。

7) NPO法人は，民法34条の特別法である特定非営利活動促進法によって定められる。これは，都道府県もしくは経済企画庁が認証するものであり，主務主管庁による公益性の判断ではなく，「不特定かつ多数のものの利益の増進に寄与すること」が目的（判断基準）となっている。そのため，受益者が限定される共益団体はNPO法人には含まれない。なお，民法34条では，主務主管庁の許可のもと社団法人や財団法人等の公益法人が定められており，同特別法では学校法人，社会福祉法人，医療法人，宗教法人等が定められている。

8) Burton A.Weisbrod, "Toward a Theory of the Voluntary Nonprofit Sector in a Three-Sector Economy," Rose-Ackerman (ed.), *The Economics of Nonprofit Institutions*, Oxford University Press, [1986], pp.21-44.

9) Weisbrodは，「集合度指数（collectiveness index）」を用いて，私的財を提供するNPOから集合財を提供するNPOまでの幅広い分布レベルを近似的に把握しようと試みている。集合度指数とは，NPOの収入に占める寄附，贈与，補助金等の合計額の比率をいう。これが高いものほど集合性（公共性）が高くなり，市民や政府の支持が多く得られていて，集合的に消費される性格が強い財を提供していることを示す。集合度指数によれば，信頼型NPOでも集合型に該当するものもあり得るという。

10) 集合行動には，きっかけ，自発的な参加，参加者相互のコミュニケーション，価値・目的の共有，参加者の何らかの充足という要素がある。山岡義典は，ある動機をもった個人が発意し周囲の仲間に呼びかけ，何人かが共鳴して参加することがNPOの始まりだとしている。山岡は，NPOを始める最初の動機（パッション）として，①何とかしなければ，②これは困ることになる，③社会を変えたい，④豊かに生きたい，⑤資産を社会に生かしたい，⑥とにかく組織を作りたい，の6つをあげている。またNPOの組織化は，1人1人の市民が何らか

の問題意識をもち，それが組織的活動に結びついていくという，「個人⇒グループ⇒団体⇒法人」という発展段階を経ており，「パッション（情熱）からミッション（使命）へ」と定式化・一般化することができる。山岡義典編著「NPO実践講座　いかに組織を立ち上げるか」ぎょうせい［2000］。

11) C.H.Lovelock & C.B.Weinberg, *op.cit*. (『前掲訳書』), 16-17頁, 及び230-247頁。

12) Estelle James, "How Nonprofits Grow: A Model," Rose-Ackerman (ed.), *The Economics of Nonprofit Institutions*, Oxford University Press, [1986], pp.185-195.

13) NPOの問題点は商業化だけに限らない。SalamonはNPOが失敗する要因として，①フィランソロフィーの不十分性（philanthropic insufficiency），②フィランソロフィーの専門主義（philanthropic particularism），③フィランソロフィーの父権主義（philanthropic paternalism），④フィランソロフィーのアマチュア主義（philanthropic amateurism）を挙げている。①はNPOが公共性をもつサービスを提供する際に生じるフリーライダーの問題。②はNPOが不特定多数の集団ではなく，特定の部分集団を対象としてサービスを供給することから生じる問題。③は社会のニーズを誤って判断することから生じる問題。④はいわば素人が社会のニーズを判断することから生じる問題である。L.M.Salamon, *Partners in Public Service: Government-Nonprofit Relations in the Modern Welfare State*, Johns Hopkins University Press, [1995], pp.33-49.

14) Gregory J.Dees, "Enterprising Nonprofits," *Harvard Business Review*, Jan.-Feb., [1998], pp.55-67. 谷本寛治「企業システムのガバナンスとステイクホルダー」，奥林康司編『現代の企業システム』税務経理協会 [2000]。

15) Gregory J.Dees, *op.cit*. 谷本寛治『前掲書』。

16) Dennis R.Young, "Commercialism in Nonprofit Social Service Associations: Its Character, Significance, and Rationale," Burton A.Weisbrod (ed.), *To Profit or Not to Profit -The Commercial Transformation of the Nonprofit Sector*, Cambridge University Press, [1998], pp.195-216.

17) Burton A.Weisbrod, "Modeling the Nonprofit Organization as a Multiproduct Firm: A Framework for Choice," Burton A. Weisbrod (ed.), *op.cit.*, pp.47-64.

18) *Ibid*., pp.47-64.

19) Edward Skloot, "The Venture Planning Process," Edward Skloot (ed.), *The Nonprofit Entrepreneur: Creating Ventures to Earn Income*, The Foundation Center, [1988]。

Paul DiMaggio, "Support for the Arts from Independent Foundations," Paul DiMaggio (ed.), *Nonprofit Enterprise in the Arts: Studies in Mission and Constraint*, Oxford University Press, [1986].

20) Dennis R.Young, *op.cit*.

21) Burton A.Weisbrod, *op.cit.*, pp.47-64.

22) Estelle James, "How Nonprofits Grow: A Model," *Journal of Policy Analysis and Management*, [1983]2(3), pp.350-365,ここでは，①好ましいアウトプット，②中間的なアウトプット，③好ましくないアウトプットの3タイプが指摘されている。このモデルでは，NPOは財政的損失をしながら好ましいサービスを提供し，その活動を補助するために，中間的，或いは好ましくないサービスの提供から得られる財政的余剰を消費すると考えられている。

23) Dennis R.Young, *op.cit*. Dennis R.Youngはミッションとの関係（貢献度）からNPOサービスを以下の3タイプに分けている。

1. いくつかの活動は、ミッションに関連する（好ましい）中心的なサービスとなる。少なくとも部分的には利用料金から資金を供給できるようになる。例えば、サービスを提供するかどうかではなく、何に課金するかが基本的な判断となっている。
2. NPOは、余剰歳入を生み出すためだけに特定の（中間的、或いは好ましくない）活動を行うことがある。これは、純粋に財政的な基盤を確立するための戦略としてとられる。NPOはおそらく、利益を極大化できるような料金構造を設計するだろう。そして、こうした活動が、NPOへの評判やイメージの損失に関わるあらゆる間接的コストを埋め合わせるのに十分な利益を生み出すかどうか判断しなければならない。
3. いくつかの（好ましい、或いは中間的な）商業活動は、選択的ではあるが、明らかに余剰歳入をもたらすことと、ミッションへの直接的な貢献の双方を意図して行われる。この場合、組織はこうしたサービスを提供するに値するかどうか、そしてそれらの何に課金するか、この両方を判断しなければならない。料金は、事業が確実に採算を割らない程度か、余剰をもたらすように設定されるだろう。しかし、そうした活動が事実上、ミッションに関連した利益を削減するようであるなら、必然的に利益が最大化するよう設定するわけではない。

24) Weisbrodはさらに、NPOが収益事業を行うその他の主要因として以下の3点をあげている。
・3つの活動のそれぞれに従事することに対する組織の選好度、或いは嫌悪感
・収益を生み出す活動が寄附を提供する外部の資金提供者の意欲に与える影響
・収益活動がミッション関連のアウトプットの生産コストに与える影響

25) Hilary Wainwright & Dave Elliott, *The Lucas Plan*, Allison and Busby, [1982]（田窪雅文訳『ルーカス・プラン「もう一つの社会」への労働者戦略』緑風出版 [1987]）.

26) 森谷文昭「第1章 社会的に有用な生産とは何か―生活の場で協同と自治をめざすキーワード―」ワーカーズコレクティブ調整センター編著『労働者の対案戦略運動―社会的有用生産を求めて』緑風出版 [1995]。森谷は「ルーカス・プラン」について次のようにまとめている。

　ルーカス闘争（及びその後の大ロンドン企業公社の戦略）は、労働者と民衆の利益に沿ったリストラを提起し、経済合理性を民衆の側から再定義し、「自分たちみんなが欲しいと思うものを作る仕事に気持ちよく取り組む」ことを通じて豊かさの意味を問い直し、普通の人々に能力があることを立証した。それらが提起した有用な商品は、個々のモノそれ自体として意味をもつというよりも、人々の協同の営みの具体的な表象として意味をもっている。

　労働と生活の場をより人間的なものへ変えたいという共通の夢や願いに具体的な形を与えようとして、人々が力をあわせて取り組む。その過程で、企業や政府には人々のニーズに応える意図も力量もないことを知り、自分たちの力で事態を変えることを決断・行動する。そして自分たちの潜在的な力量を再認識し、共同で物事を進めることの意義と可能性に目覚め、民主的な自治能力（意思決定力や運営力）を伸ばしていく。民衆的な対案運動は、こうした一連の持続的でダイナミックな連鎖反応になっており、それを実体験することが具体的な協同の営みといえる。

27) Mike Cooley, *Architect or Bee?*, 2nd ed., South End, [1987], pp.154-156（里深文彦監訳『人間復興のテクノロジー――コンピュータ時代を生きる倫理―』御茶の水書房 [1989] 228-231頁），

森谷文昭『前掲書』32-33頁。M.Cooleyによる「社会的に有用な生産」の要素は以下のとおりである。
1. 当の商品（製品）を特定し設計する過程は，それ自体が，全プロセスの重要な一環である。
2. その商品の生産，利用，修理の手段は，非疎外的なものでなければならない。
3. 商品は，満たすべき要件を満たすことができ，その要件に合致しているとともに，一見してそのことを理解できるような性格を備えているべきである。
4. 商品は修理が可能なように設計されるべきである。
5. 製造，利用，修理のプロセスは，エネルギーと資材の節約をもたらすようなものでなければならない。
6. 製造工程，商品の利用形態，その修理，さらに最終的な廃棄の形態は，エコロジー的に見て望ましく，妥当なものでなければならない。
7. 商品は，短期的な特徴ではなく，長期的な特徴を重視して考えられなければならない。
8. 商品の性質，それを生産する生産手段の性質は，いずれも人々を束縛し，支配・管理し，肉体的或いは精神的に傷つけるのではなく，人々を助け，解放するようなものでなければならない。
9. 生産は，生産者としての人々と消費者としての人々の間，また国々の間の，粗野な競争を煽るのではなく，協力関係の推進に寄与するものでなければならない。
10. 複雑で「壊れやすい」システムではなく，シンプルで，安全で，頑健なデザインが美徳とみなされなければならない。
11. 商品と諸プロセスは，人々がそれらによってコントロールされるのではなく，人々がこれらをコントロールできるものでなければならない。
12. 商品と諸プロセスの重要性は，交換価値ではなく使用価値に照らして判断されなければならない。
13. 商品は，少数民族，不利な境遇にある人々，物質面その他の面で恵まれない人々を助けるものでなければならない。
14. 第三世界と先進諸国の間の非搾取的な関係を推進するような，第三世界のための商品が重視されるべきである。
15. 様々な商品やプロセスは，文化の一部とみなされるべきであり，したがって，これらを作り，利用する人々の文化的要請，歴史的要請，その他の要請に見合ったものでなければならない。
16. 商品の製造，利用，修理にあたって，人は知識と能力の生産だけでなく，これらの再生産にも関心を払わなければならない。

28) ルーカス・プランの労働者らは，職場や地域・全国の労働戦線に留まらず，地域の様々な民衆運動との結びつきを積極的に深めようとする「自主生産闘争」を行った。彼らは，従来の労働運動とは異なる運動体との交流を図り，カンパや署名，集会だけでなく，様々な運動関係者が必要とする商品をつくり，それを媒介にして支援者や地域住民との関係を築く方向性を追及していった。

29) 対抗的補完関係については，舩橋晴俊「環境問題をめぐる配分の歪み—社会的ジレンマ論

の視点から—」『組織科学』Vol.24, No.3, [1991] 40-49頁参照。ここでいう贈与の制度化とは，ナショナルトラスト運動における財団設立と寄附による自然環境の買収などを指す。

[参考文献]

経済企画庁国民生活局編 [1998],『日本のNPOの経済規模—民間非営利活動団体に関する経済分析調査報告書』大蔵省印刷局発行

谷本寛治・田尾雅夫編著 [2002],『NPOと事業』ミネルヴァ書房

山内直人編 [1999],『NPOデータブック』有斐閣

Peter F. Drucker, [1990], *Managing the Nonprofit Organization: Practices and Principles*, Harper Collins, (上田惇生・田代正美訳 [1991],『非営利組織の経営』ダイヤモンド社)

Philip Kotler, [1982], *Marketing for nonprofit organizations*, Prentice-Hall, (井関利明訳 [1991],『非営利組織のマーケティング戦略—自治体・大学・病院・公共機関のための新しい変化対応パラダイム』第一法規出版)

第6章 環境NPOによる社会的行動のマーケティング
― 地域資源の商品化にともなうジレンマの構図 ―

1 はじめに ―問題の所在―

　1990年代の後半以降，様々なNPO（民間非営利活動法人）が出現し，市場（企業）と政府の役割を補填する形で，環境保全や福祉（育児や高齢者支援），地域商業の活性化といった地域問題の解決に貢献している。しかし，現在こうしたNPOの多くは資金難や事業の継続性，人材確保，提供する商品やサービスの質など様々な問題を抱えており，なかでも収益事業（商品の生産と販売）による自主財源の確保と，財政基盤の安定性と組織の自律性の確保が急務となっている。このときNPOは，収益事業を行うことの困難さとともに，社会性と収益性の両立というジレンマに直面することになる。そしてまた，NPOが提供する商品の価値やNPO自身の存在意義が，営利組織（民間企業）との対比のうえで問われることになる。

　そこで本稿では，環境NPOに焦点を当て，地域資源である自然環境を商品化（観光化）し，収益事業を展開していく際に直面するジレンマの構図を明らかにし，NPOによるマーケティングの課題を検討していく。なお本稿では，論点を絞るために，特定非営利活動促進法によって定められた「NPO法人（民間非営利活動法人：institutionalized nonprofit organization）」による環境保全活動に限定して議論を進めていく。なぜなら，「非営利組織（nonprofit organization）」という概念自体が広範で多様な組織形態を包括しているとともに，その事業特性も，収益事業を展開する上で直面する問題も多岐にわたっているためである。

　以下ではまず，都市部における緑地保全と地方観光地における自然公園の保

全の各々について，一般的な課題を整理し，それに取り組む環境NPOの活動状況と，地域資源を商品化する際に生じるジレンマを明らかにしていく。そして，環境NPOが商品化のジレンマを抱えざるを得ない一般的な要因を整理し，NPOが収益事業を展開する上での課題（ジレンマの軽減・解決策）について，非営利組織のマーケティング特性にもとづいて検討していく。

社会的使命の達成を目的とするNPOが収益事業を展開する際には，地域のステイクホルダーとの互酬関係に依拠しながら，市場や政府（再配分）との補完関係を保っていかなければならない。なぜなら，安易な商品化（観光化）は，営利組織との市場競争によるNPOの経営資源の浪費や組織の疲弊とともに，自然価値の消耗や荒廃といった意図せざる結果をもたらしかねないからである。そのため，NPOは公益のために人々の意識と行動に変革を促すという社会的行動（Social Behaviors）[1]のマーケティングを行っていく必要がある。そこでは，環境NPOへの支援者の輪を広げるとともに，地域社会でサービスの互酬が恒久的に繰り返され，関係性と共同性（共同体意識）を高めていくような仕組みづくりが意図されなければならない。

2 ● 環境保全とNPO—都市部と地方観光地のケース—

以下では，都市部における緑地保全と，地方観光地における自然公園の保全のケースから一般的な課題を抽出・整理し，それに取り組む環境NPOの現状と問題点を明らかにしていく。

2-1　都市部の緑地[2]をめぐる一般的課題

都市部では，それぞれの自治体が都市緑化計画や緑の基本計画といった様々な制度を設けて緑地保全のための計画と活動を実行している[3]。それにも関わらず多くの都市部では，緑地面積の減少と荒廃化が進んでいる。緑地の減少は，相続税の負担が大きいために継承者である子孫が土地を商業地や宅地へと転用してしまうために生じる。緑地の荒廃化とは，地権者が高齢化したり不在地主が増えたことで緑地を管理できなくなり，荒地（耕作放棄地）が増えていく状

図表6−1 緑地をめぐる問題の関係図

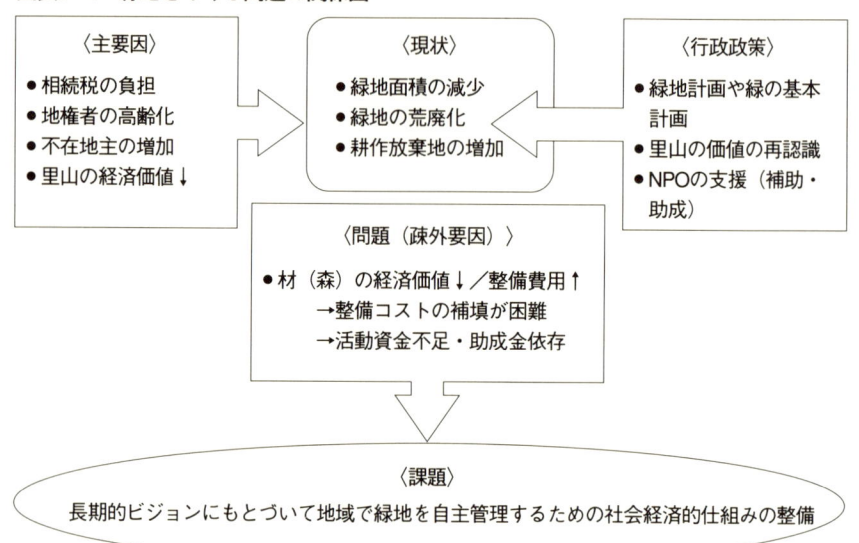

〈主要因〉
- 相続税の負担
- 地権者の高齢化
- 不在地主の増加
- 里山の経済価値↓

〈現状〉
- 緑地面積の減少
- 緑地の荒廃化
- 耕作放棄地の増加

〈行政政策〉
- 緑地計画や緑の基本計画
- 里山の価値の再認識
- NPOの支援（補助・助成）

〈問題（疎外要因）〉
- 材（森）の経済価値↓／整備費用↑
  → 整備コストの補填が困難
  → 活動資金不足・助成金依存

〈課題〉
長期的ビジョンにもとづいて地域で緑地を自主管理するための社会経済的仕組みの整備

況である。

　こうした緑地の量的・質的問題が高まるなか，都市部における「環境共生のモデル」として里山の価値が再認識されるようになった。里山とは「里地里山」と総称され，都市域と原生的自然との中間に位置し，様々な人間の働きかけを通じて環境が形成されてきた地域であり，集落をとりまく二次林と，それらと混在する農地，ため池，草原等で構成される地域概念である[4]。

　里山は，人が手を加えることで自然の恵みを得るとともに，資源を枯渇させることなく維持されてきた「人と自然の共生モデル（仕組み）」である。しかし，1950年代以降のエネルギー革命によって薪炭林として里山の価値は低下し，戦後の拡大造林も輸入材の増加によって二次林としての価値が低下していった。さらに，農地政策による減反と農産物の自由化によって田・畑は減少していった。里山は，人の営みや関わりによってつくられてきた自然であるが故に，人の手が入らないと生態系は崩れてしまう。そこで都市部の環境NPOは，里山を中心とした緑地の保全活動に取り組んでいる。しかし，里山から出る材（間伐材）は経済的な価値が低いため，活動費用はボランティアと政府（地方自治体）の補助金等に依存しているのが実情である。こうした問題をまとめると**図表6−**

1のようになる。

2-2　都市部における環境NPO

　以下では，神奈川県で活動している「よこはま里山研究所（NORA）[5]」をケースとして，都市部で活動する環境NPOと緑地保全の課題を整理していく。

　NORAは，1995年に設立されたNPO法人で，横浜市に事務所を置いている。NORAのミッション（社会的使命）は，里山の価値を再認識し，地域社会における資源や環境，文化，コミュニティのあり方を見つめる場として取り組むことにある。里山の存在価値は，生産の場として様々な生業が営まれ，経済的な価値が生み出されてきたところにある。里山の恵みを受け，しかも収奪しないで維持していくという，昔ながらの「材を生かす里山的考え」を見直し，優れた環境保全の仕組みづくりを再現しなければ里山は守れない。それ故に，新しい里山の価値を掘り起こし，それを「シゴト」にしていく（業を営む）ことこそが，里山の保全と，人と自然のつながりを取り戻すことになる。

　NORAの事業目的は，循環型社会，持続可能な社会実現のために，「里山」の理念や手法等を発信・普及させていくとともに，里山をキーワードにした様々な実験を行い，持続可能な社会実現のための手法を開発していくことにある。活動内容は，①里山に関する相談・コンサルティング，②里山に関する情報収集と提供，③里山に関する調査研究及び資料等の発行，④里山に関する講座・研修等の企画・運営，⑤里山に関する講師等の登録・派遣，⑥里山に関わる市民団体等に対する支援，⑦里山に関する資源の有効活用の事業，⑧その他，前条の目的を達成するために必要な事業である。

　横浜のような都市部では，里山の手入れを希望する市民も，手入れが必要な里山も多数存在しているが，市民と里山をつなぐ仕組み（活動方法や組織）が未整備である。そこでNORAは，里山を守るボランティア育成の仕組みづくりを始め，現在は神奈川県全域にまで活動範囲が広がっている。

　里山保全の課題としては，材の商品化や里山の観光化によって現代的な経済価値を創出し，事業化することで，収益を里山保全の維持管理費へ充てることにある。都市部では，都市住民という巨大な市場が材の消費者となり，かつまた里山の保全・育成者となることで，里山を支える経済的・社会的仕組み（モ

デル）が実現できるようになる。NORAが都市部での里山保全にこだわる理由はそこにあり，NPOによる環境対応型の地域経済の実現へとつなげていくことを目標としている。

　しかし，横浜の里山は急斜面で材の搬出が困難であり，かつ材の活用方法がないために，間伐材や枯葉は山中に放置するかゴミとして処分されることになる。しかも，里山から出る材は多品種かつ不揃いであり，質・量ともに季節変動が激しいため，安定的に均質な材を拠出して商品化することが難しい。一般的な環境NPOと同様，NORAは材の加工設備をもたないため，材を商品化する際には民間企業に業務委託しなければならない。そうすると，質・量ともに不安定な材の商品化は割高（コスト高）となり大量には売れない。都市部の環境NPOは，緑地から出る材の巨大な消費市場に隣接しており，かつ緑地保全の支援・協力者（ボランティア）も多数期待できる状況にはあるものの，こうした材の特性や経済的価値の低さ，地理的特性，NPOの組織特性などによって商品化が困難になっており，里山保全活動の拡大や自主的な財源確保につながっていかない。

　政府（自治体）からの助成金や補助金に多くを依存している環境NPOにとって，材の商品化や緑地の観光化は，緑地保全のために必要かつ十分な活動資金を捻出するためだけでなく，自主財源の確保による組織の自律性を確保する上でも重要な課題となっている。しかし，緑地の商品化を安易に推進した場合，巨大な消費市場に隣接しているが故に，商品化の急速な進展（利用者の急増）と，それによる様々な弊害が生じる可能性がある。小規模な環境NPOでは対処できないほどの需要を抱えてしまうことで，ミッションよりも収益活動を優先せざるを得なくなってしまったり，観光化によって緑地が荒れてしまうことは容易に想像できる。結果，緑地は手入れを始める以前の荒廃した状態と本質的には変わらない状況になりかねない。通年で適度に収益を上げながら緑地を保全するという課題，そこに都市部の環境NPOが抱えるジレンマが存在する。

2-3　地方観光地の自然公園[6]をめぐる一般的課題

　地方観光地に共通する課題は，自然公園の保全と地域経済とのバランスである。近年のアウトドア・ブームもあり，旅行者がもたらす観光地への環境負荷

（ゴミ・し尿・雑排水処理，排ガスによる大気汚染やエネルギー消費，動植物の無断採取など）は増大している。そのため観光地では，自然公園がもたらす社会・文化・経済的恩恵を損なわないよう，政府（自治体）・事業者・地域住民が連携しながら各種の規制や施設整備，マナー・キャンペーン，トラスト運動等様々な取り組みを行っている。そうしたなか，いくつかの観光地では，環境負荷を総合的に管理できる体制を整備することで，「サスティナブル・ツーリズム（sustainable tourism；持続可能な観光）」の実現を目指している。

サスティナブル・ツーリズムとは，マス・ツーリズムを疑問視することから始まり，その弊害を補完・代替，或いは部分修正する概念として，1970年代以降，オルタナティヴ・ツーリズム（alternative tourism）と同義で用いられてきた言葉である。そして，旅行者が生態系や地域文化に悪影響を及ぼすことなく自然環境を鑑賞できるよう，環境に配慮した施設及び環境教育が提供され，地域の自然と文化の保護・地域経済に貢献することを目的とした旅行形態をエコツーリズムという[7]。これは，1980年代以降，地球環境の危機が認識され始めた時代に，自然保護のための有効な経済的手段として登場した理念的概念である。

しかし，現在の日本の観光業界や観光スタイルの主流は，大量輸送機関で主要な観光地を転々と回る，タイトなスケジュールの団体・現地通過型マス・ツアー（パック旅行）である。さらに近年では，アジアからのツアー客の増加によって，マス・ツアーが増強されているような傾向がみられる。また，収益の拡大を最優先し，旧態依然とした観光プロモーションのもと，いわば「座席を売るだけ」のような旅行業者や，エコツアーと冠しただけのマス・ツーリズムが主催されるケースも見受けられる。

こうした日本の観光事情は，旅行者には極めて効率的な旅を提供すると同時に，観光地には大きな経済効果と環境負荷をもたらす。休暇制度や旅行費用などの問題もあるため，サスティナブル・ツーリズムを広く普及・浸透させるための社会・経済的環境の整備は依然として大きな課題となっている。

2-4　地方観光地における環境NPO

以下では，北海道の知床ウトロ地域で活動している「SHINRA（知床ナチュラリスト協会）」をケースとして，地方の観光地における環境NPOの課題につい

て整理していく[8]。

SHINRAは，日本人の旅行スタイルや余暇に対する考え方と，それにともなう様々な問題について方向修正を図るファシリテータを目指す環境NPOである。代表である藤崎達也氏は，観光地を「通過」するだけの既存のマス・ツアーによって収益拡大を図る観光事業のあり方に問題意識をもち，地元の経済人たちの協力を得てSHINRAを設立した。現在は，地域のネットワークを生かして新たな旅行形態を提案するための様々な取り組みを行っている。

SHINRAの事業目的は，北海道民や旅行者に環境保全のための啓発活動を行っている道内の自治体や企業と連携をとりながら環境保全を図ること，持続可能な観光産業の振興を実現するための様々な取り組みを進めること，人類共通の財産であり，地域の生活・産業にとって貴重な資源である北海道の自然環境の保全に寄与することにある。

具体的な事業内容は，①エコツアーのガイド事業，②自然情報の提供事業，③エコツアー商品開発の監修事業，④自然体験型の旅行実施に関する地元ガイドラインの策定，及びガイドラインの管理事業，⑤子供向け環境教育プログラムの開発事業，⑥身体障害者向け自然体験プログラムの開発事業，⑦環境や地域経済に配慮した宿泊施設運営の自主ガイドライン策定，及びガイドラインの管理事業，⑧その他である。

SHINRAのねらいは，エコツアーによる感動体験が自然保護への大きな動機づけとなり，それが個人旅行者を中心にリピーターの増加につながり，知床の自然と文化への理解が高まっていくことにある。そのなかでSHINRAがこだわるのは，「インタプリタ（ネイチャーガイド）」という役割で，これは自然のもつ様々な価値を解説するとともに，自然のメッセージを人の言葉に通訳するという意味である。自然を「語る（翻訳・伝承）」ためには，自然の仕組みを論理的に説明するだけでなく，興味と関心を引き立てるストーリーを語ること，即ち「科学と神話（自然の仕組みと歴史）」の2本柱が必要だとしている。そのためには，先住民であるアイヌの「語り部」が語り継いだ手法（知恵）が役に立つとSHINRAでは考えられている。

SHINRAは，環境保全という社会的使命のもと，マス・ツーリズムに対するオルタナティヴを提示すべくエコツアーを主催している。しかし，SHINRAは小規模のNPOであるため，独自で旅行ツアーを主催できるほどの組織力や販売

第6章　環境NPOによる社会的行動のマーケティング

力をもたない。そのため，エコツアーの普及とSHINRAの事業安定化には大手旅行会社との提携が必要となる。特にSHINRAの活動初期は，エコツアーの認知度はまだまだ低かったこともあり，パック旅行を中心とした大手旅行会社のパンフレットにどう組み込んでもらうかが，ひとつの重要な課題であった。

　こうした状況は，環境意識を啓発するとともに，既存の旅行市場にオルタナティヴを提示する環境NPOのエコツアーが，マス・ツアーにもとづいて利潤獲得を追求する大手旅行会社の販売力の上に成り立っているという構図を意味する。そこに，環境NPOがエコツアーを行う上での大きなジレンマ（ある種の自己矛盾）が存在する。小規模の環境NPOがエコツアーを普及・浸透させていくためには，大手旅行業者との提携はほぼ必要不可欠であり，独自の営業と販売ルートの確保は困難を極める。しかし，旅行者に意識改革を訴求するエコツアーも，大手旅行会社との提携によって単なるビジネス・チャンスなり差別化の一手段として扱われてしまいかねない。それだけでなく，安易にエコツアーを大量販売すれば，エコツアー本来の理念もNPOの理念も見失いかねない。そのためSHINRAとしては，大手旅行会社と一定の制約を設けた事業提携を行うなり，大手も巻き込んだ業界全体の変革を促すような活動を進めていく必要があると考えている。

3　環境NPOが抱える商品化のジレンマ

　環境NPOが直面している一般的な課題は，地域住民を中心に緑地や自然公園への価値認識を高め，保全活動への支持者を増やすこと，そのために必要な活動資金を確保することにある。そこで，環境NPOは自然環境の商品化（観光化）を手がけ始めるのだが，そこに環境NPOのジレンマが存在している。

　自然環境の安易な商品化は，消費者（来訪者）を増やすだけで，環境NPOが訴求しようとする啓蒙的なメッセージは理解されないまま，一般の商品や観光地（レジャー施設）のひとつとして認識されてしまいかねない。保全すべき自然環境は，単なる「消費（観光）対象としての自然」として認識されるに留まる。いったん消費対象として認知が高まれば，一時的なブームとして終わる可能性も高くなる。環境NPOは営利組織との市場競争に巻き込まれ，社会的使命

の達成のために費やすべきNPOの経営資源—寄附やボランティアにもとづく経営資源—は市場競争のために費やされることになる。NPOは，本来の目的とは異なる領域への経営資源の投下（浪費）によって，組織自体が疲弊し，存在意義を失いかねない。結果，継続的・恒常的な環境保全活動とは逆の，自然価値の消耗や荒廃という意図せざる結末に至る危険性が高くなる。

環境NPOにとって，自然環境の商品化は，自主財源の確保による組織の自律性の向上という効果（魅力）がある。多くの環境NPOは政府からの補助金や助成金で運営されているが，事務所の賃貸料やスタッフの人件費，事務管理費，活動費といった経費のすべてを賄いきれないこともあり，かつその使途には制約があるため，主体的な活動を行うには自主財源の確保が課題となる。しかし，必要不可欠な資金捻出のための収益事業であっても，営利組織と同じようなスタイルで利潤を追及すれば，「営利組織と同形化（isomorphism）[9]した非営利組織」という自己矛盾に至る可能性が出てくる。社会的使命の達成を目標とするNPOにとって，収益性と社会性（経済活動と社会活動）のバランスをとることは大きな課題であり，NPOが社会的信頼を得る根拠（存在意義）にもなる。そのため環境NPOは，地域社会に根ざした持続的な環境保全のあり方を常に意識しながら収益事業を進める必要性がある。

自然環境の商品化（観光化）においては，環境NPOだけでなく地域社会もまた同様のジレンマに立たされる。自然環境の商品化を進めれば，地域経済は活性化するが環境負荷は高くなるだろう。逆に，商品化に関して一定の地域規制（制約）を設ければ，地域経済が停滞する可能性がある。地域住民や企業，政府が，経済的な利益と環境保全（社会的な利益），私益と共益，自由と規制のバランスをどこまで許容できるのか，そこに大きなジレンマが存在する。

4 ● 環境NPOによる社会的行動のマーケティング

環境NPOは，地域資源である自然環境を商品化していく上で直面するジレンマに対して，どのような行動をとればよいのだろうか。収益事業を手がける環境NPOは，市場（商品取引），再配分（政府からの補助金や助成金），互酬（営利組織や地域住民からの寄附やボランティア）という，3つの経済領域（交換

関係）に依存しているため，ジレンマの解消は本質的に難しいと考えられる。しかし，そうだとしても，環境NPOが営利組織や政府と同じ活動を同じような手法で行っていたのでは，NPOはこれらの組織と同形化し，存在意義を失う。それだけでなく，営利組織との同形化は，「見せかけの利益集団（for-profit in disguise；FPIDs）[10]」とみなされかねない。環境NPOは，市場と再配分と互酬が円滑に協同できるよう調整していくことでジレンマを軽減していく必要がある。そこにNPOの果たすべき役割があり，NPOの独自性や存在意義を示すことができる。

そこで以下では，非営利組織のマーケティング概念をとおしてジレンマを軽減していくための示唆を引き出していく。

4-1 非営利組織のマーケティング

1970年代後半以降，アメリカの非営利組織ではマーケティングの概念が導入され始めた。政府の補助金削減によって活動資金が減少したことや，支援者（会員）の減少による寄附や収益事業の減少，新たな市民ニーズへの対応不足，営利・非営利組織を含む多様な競争関係の存在などがその原因となっている。そこで，非営利組織はマーケティングの概念を取り入れることで，資金やスタッフ，支持者の効率的な獲得と，支持者や会員の満足度向上，そして，自主財源を確保するための効率的な収益事業の展開を図るようになった。

AMA（the American Marketing Association）による2004年の定義によれば，「マーケティングとは，組織とステイクホルダーの双方にとって有益となるような形で，顧客に価値を創造・伝達・提供したり，顧客との関係性を構築したりする組織的機能とその一連のプロセスである」とされている[11]。より簡潔にいえば，営利組織のマーケティングは市場における商品をとおした交換の創造（取引関係の構築）であるのに対して，非営利組織のマーケティングは，公益性の高い商品（サービス）を中核とした社会・経済的価値を交換として創造することといえる。

非営利組織のマーケティングは，サービスの提供形態によって4つのタイプに分けられる（**図表6－2**）。災害時の救援や医療提供など，サービスを無償で短期的に提供するタイプは「災害ボランティア型」で，開発援助や環境保全と

図表6-2　非営利組織のマーケティング類型

	短期サービス型マーケティング		
N P O 型 マ ー ケ テ ィ ン グ	a）災害ボランティア型 ・災害救援団体 ・医療救援団体 ・市民運動など	b）公共施設型 ・病院 ・公立学校 ・動物園・美術館など	企 業 型 マ ー ケ テ ィ ン グ
	c）非政府（NGO）型 ・開発援助団体 ・環境保護団体 ・難民救済団体など	d）行政補完型 ・福祉・介護 ・私立学校 ・社会教育など	
	長期サービス型マーケティング		

奥林康司・稲葉元吉・貫隆夫編著『経営学のフロンティア1　NPOと経営学』中央経済社，2002年，131頁より加筆修正

いったサービスを無償で長期的に提供するタイプは「非政府（NGO）型」になる。一方，病院や公立学校など，サービスを有償で短期的に提供するタイプは「公共施設型」で，サービスを有償で長期的に提供するタイプが「行政補完型」である。

　非営利組織のマーケティング特性は，商品（モノ＝有形財，サービス）とともに「社会的行動（Social Behaviors）」を提供していくことにある[12]。社会的行動とは，「公益のために人々の習慣的な行動パターンや意識を変えること」で，社会的行動のマーケティングとは，環境保全意識や社会的弱者の支援など，「公益のために，習慣的な行動パターンや意識の変化を顧客（支援者・会員）に促すことで，社会全体に意識と行動の変革を起こしていくこと」を意味する。具体的には，水族館の視聴覚教材や講演会，女性・児童虐待に関する映画の貸出・販売や支援のための基金プログラムといった啓蒙・普及活動をとおした意識変革が該当する。社会的行動のマーケティング特性は**図表6-3**のとおりである。

　営利組織のマーケティングでは顧客満足が至上命題とされるのに対して，社会的行動のマーケティングは必ずしも顧客（支援者・会員）満足だけを追及するわけではない。時として，顧客が望まないような行動を起こさせるように働きかけることがある。人々の意識や生活習慣を変える上では，様々な抵抗感や反対意見があるため，人々に行動変革を起こさせるための手段や対策（商品や法的制裁など）を必要とする場合がある。もちろん長期的には社会全体の満足

図表6−3 社会的行動のマーケティング特性

1. 社会的行動の提案・・・非営利組織のマーケターは商品そのものを創出しないが、対象顧客（支援者・会員）がとる特別な行動を提案する（或いは、ある状況下で求められる行動結果を誘発するであろう態度を代替したりする）。

2. 指針の提示と実現による顧客の実践・・・提供し得る商品概念は、顧客が自らの活動を通じてそれを創出するまではコンセプトの域を越えることはない。しかし、マーケターは活動の青写真を提供し、それを促進するための設備の実現を確実なものにする必要がある。

3. 2次的な社会効果・・・社会的行動プログラムの効果は、その性格上、2次的要求となることが多く、長期的には顧客の活動の結果として、大多数の人々への便益を生じさせる。また、短期的には即効的便益よりも重視されている。

4. 他の組織との共同・・・多くの社会行動プログラムは、それを実行するために設備的な資材やサービスの提供を必要としているため、この種のサービス提供者と共同する努力が必要である。

5. 相互補完的組織との連合・・・社会行動プログラムでは、平行した相互補完的な活動に携わる他の組織との公式・非公式の連合によってテコ入れされることが多い。

6. 法的制裁・・・公的機関によって推進され、また法律による支援を受けているプログラムでは、望ましい行動を促進するためのマーケティング努力を完全にする意味で法的制裁が適用されることもある（高速道路の取締りなど）。

7. 反対勢力との競争・・・社会的行動のあるものには論争の余地があるため、自らの組織を攻撃する集団と競争する準備を整えなければならない（銃規制問題や住民投票など）。

8. ライフスタイルや価値観の変更・・・社会行動プログラムは、非常に根強い平素の習慣的パターン（飲酒や禁煙、昔からのライフタイルなど）の変化に向けられる場合が多い。これらの変化は完遂することが特に困難なものである。

9. 民意の反映・・・社会行動のあるものは住民全体の承諾もしくは心境の変化が必要になる

Christopher H. Lovelock & Charles B. Weinberg, *Public and Nonprofit Marketing*, Scientific Press, [1984], （渡辺好章・梅沢昌太郎訳『公共・非営利のマーケティング』白桃書房, 1991年), 234頁より加筆修正

につながる行為ではあるが、非営利組織は現在の消費者個人の私的な満足よりも長期的観点から社会全体の満足を優先する。

4-2 環境NPOによる社会的行動のマーケティング

　社会的使命を達成するために地域レベルで活動を行う一般的なNPOと、利潤動機にもとづいて広範な市場活動を行う営利組織がマーケティングを展開する

上では基本的な相違点がある。それは，①組織が有する経営資源（人材・設備・資金・取引ネットワークなど），②組織が依拠する交換関係（市場・再配分・互酬の交換原理），そして，③社会に提供するアウトプット特性（商品と社会的行動）である。以下では，これらの点にもとづいて，NPOが収益事業を展開する際に直面するジレンマを軽減できるようなマーケティング上の方策を検討していく。

（1）NPOの経営資源

　営利組織，特に大手寡占企業は，基本的に大規模でフォーマルな組織形態を有しており，潤沢な資金にもとづく充実した生産設備をもち，広範な取引関係をもとに資源と販路を確保し，多数の専門スタッフを擁して綿密なマーケティング戦略を立案・実行することができる。しかし，一般的にNPOは小規模・少人数で，安定的な商品提供に必要な生産設備も取引ネットワークもなく，マーケティングやマネジメントに関する組織的な情報ストック（知識やノウハウ）も十分にもたない。そのため，NPOが収益事業を行う際には営利組織（民間企業）と提携関係を結ぶことになる。しかし，NPOが手がける商品は少品種・少量生産であることが多く，自ずとコスト高になる。収益を上げるためにも一定レベルの量産・量販が必要だが，そのためには販売ルートの確保やプロモーション活動を営利組織に依存することになる。

　NPOは，経営資源が乏しいが故に，社会的使命を達成するために必要な収益事業を自立的な形で行うことができないため，営利組織との提携によって事業展開を図ることになる。既存の市場経済にアンチテーゼを示すために，NPOは市場（営利組織）の力を借りなければならない。そこに商品化のジレンマを解消できない本質的な問題がある。したがってNPOは，市場と互酬がバランスよく機能するよう，競争ではなく協調やパートナーシップ，棲み分けといった「対抗的補完関係」[13]を目指すことでジレンマを軽減していく必要がある。

　また，経営資源の獲得に関わる多様なステイクホルダーの存在も，営利組織とNPOとの相違点である。NPOは多様なステイクホルダー（利害関係者）の意見を反映させるとともに，事業活動の社会的な公正さやバランスを実現しなければならない。そのためNPOは，商品販売だけでなく，印刷物や視聴覚資料，参加型イベントやワークショップなどをとおして地域社会との関係（Public

Relations) を築いていくことがより重要になる。

（2）NPOが依拠する交換関係

　NPOは，市場，再配分，互酬の3つの交換関係に依存しているのに対して，営利組織は市場交換（商品取引）に大きく依存している。NPOは，事業活動の社会性・公共性によって，政府による再配分（補助金や助成金）を受けており，さらに互酬にもとづく市民参画の地域ネットワークに依拠することで多様な経営資源（営利組織や地域住民からの寄附やボランティア）を動員している。ここでいう互酬とは，贈与や寄附，ボランティアなど，地域の人間関係にもとづいて金品やサービスを提供しあう交換関係である。こうした資源をもとに収益活動を行うことで，NPOは市場（商品取引）から利潤を獲得することができる。

　NPOの場合，顧客（支持者・会員）との交換関係も営利組織とは異なる。市場における交換関係では，営利組織は顧客志向にもとづいて，商品の質と価格をめぐる取引関係の形成を追及する。基本的に顧客は受動的で，商品の提供プロセスに主体的に関与する機会は少ない。これに対してNPOでは，地域住民の連帯と信頼関係にもとづく主体的な参画と関与が，商品の生産から販売に至るすべてのプロセスにおいてみられる。

　さらに，NPOは商品取引をとおして「相互的サービス[14]」の関係を地域社会に実現する。相互的サービスとは，サービスの提供者と受給者の区別がなく，与えると同時に受け取る，もしくは互いが順々にサービスの提供者と受給者になるという「サービスの相互交換関係」をいう。それはいわば，市場と互酬が重なり合う交換関係である。

　こうした精神的・人格的な互酬と市場の交換関係を地域社会につくり上げていくことがNPOの課題といえる。さらに，事業活動から生じた余剰（収益）は社会的使命の達成のために再投資することで（非分配制約），地域の互酬ネットワークを拡大していくことができる。それによって，NPOは地域の多様なステイクホルダー（スタッフ・支援者など）の支援を得て，さらに幅広い資源（活動資金やボランティア等）を低コストで動員することができる。

（3）NPOのアウトプット特性—社会的行動のマーケティング—

　NPOが社会に提供するアウトプットには，商品（モノやサービス）と社会的

行動（Social Behaviors）がある。営利組織は一般消費財やサービスを市場に提供しているのに対して，NPOは一般的に，福祉や社会教育，子育て，まちづくり，環境保全，文化といった，労働集約的で生産コストが高く，公益性の高い商品（ソーシャル・コミュニティ・ケア・サービス）を低コストで提供している。営利組織は基本的に，顧客である消費者の満足（私益）を実現しようとするのに対して，NPOは地域社会全体の満足（公益）を追求し，商品取引をとおして「相互的サービス」の関係を地域社会に実現する。

NPOは，社会的な行動を提供することで地域社会に変革を促す役割を果たしている。NPOが社会的行動を提供する際には，商品のもつメッセージ性が重要になる。例えば環境NPOは，商品取引をとおして，自然の仕組みに関する教育と啓発，及び関連する地域文化の伝承などを行っているが，そこでは既存のライフスタイルに自省を促し今後の行動指針となるようなメッセージを付与することが必要となる。そのメッセージに共感した人々が，環境NPOの活動に対する支援・投資的意味で商品購入をするような仕組みをつくっていかなければならない。

また，NPOによる社会的行動のマーケティングでは，地域住民を中心とするステイクホルダーの関係性と「共同性（共同占有意識）」を高める必要がある。環境NPOは，地域の自然環境を共有財産とみなし，地域全体の保全意識を高め，人々の行動変革を促すよう活動していく必要がある。そして，環境活動に深く関与しているメンバーだけでなく，地域や国全体へ共同占有意識を広げていかなければならない。そのためには，具体的な行動指針の提示とともに，インターネットや出版物などによる，より広範な情報発信が必要となる。共同占有意識が高まれば，自ずと寄附やボランティア，事業収益は高まり，自主財源の増加とともにジレンマは軽減されていくと考えられる。

さらにNPOは，ボランティアや商品取引をとおして支援者（サポーター）づくりをするだけでなく，支援者同士による恒常的な互酬関係—贈与と反贈与が連鎖的に生じるような仕組みやネットワークづくり—を進めていく必要がある。そのためには，NPOへの参加や商品取引が支援者のインセンティヴ（私益）となり，かつそれが社会全体の共益へとつながることが重要である。なぜなら，社会的使命の重要性は理解していても，NPOへの支援が精神的な負担（義務感）になりかねないからである。そこで，「私益の追求が共益に，共益の追求が私益

につながる」ような便益の連鎖（仕組み）をつくり上げれば，そこに財とサービスの循環，即ち地域社会の互酬関係が生まれる。

　緑地の商品化に関していえば，ボランティアが手入れ・搬出した緑地の材を地域の若手アーティストが家具や雑貨，公共のベンチなどに加工し，安価で提供するという仕組みが考えられる。そこに，作品のコンテストやオークション，オーダーメイドといった仕組みを導入することもできるだろう。それによって，ボランティアは活動の成果を形あるものとして確認することができ，アーティストにとっては低コストで自己表現の場を得ることになり，地域社会にとっては自然を生かした芸術的な公共施設が増えることになる。それは，地域住民の間で様々なサービスを提供し合うことで，お互いの役に立ち，その成果を地域で共有できるような互酬関係であり，環境保全という社会活動に経済的な財の循環システムを取り入れることでもある。こうした，地域住民がサービスを相互に交換し合う「相互的サービス」の関係を築くことで，私益と共益が結ばれ，地域社会の相互依存関係をつくることができる。このような，営利組織や政府にはできない相互サービスの関係を地域に形成していくことが，NPOによる社会的行動のマーケティングにおける課題といえる。

5 ● まとめ

　本稿では，環境NPOが地域資源としての自然環境を商品化する際に直面するジレンマをとおして，社会的行動のマーケティングが果たす役割について検討していった。

　環境NPOが直面している一般的な課題は，地域住民を中心に緑地や自然公園への価値認識を高め，保全活動への支持者を増やすことと，そのために必要な活動資金を確保することにある。環境NPOにとって，自然環境の商品化（観光化）は組織の自主財源と自律性を高める効果がある。しかし，同時に環境NPOは商品化のジレンマに直面する。

　自然環境の安易な商品化は，単なる「消費（観光）対象としての自然」として認識されるに留まりかねない。消費者（来訪者）を増やすだけでは，環境NPOが訴求しようとする啓蒙的なメッセージは理解されないまま営利組織との

市場競争に巻き込まれ，NPOは資源を浪費するだけで一時的なブームとして終わる可能性が高くなる。結果，継続的・恒常的な環境保全活動とは逆の現象として，自然価値の消耗や荒廃といった意図せざる結末に至る危険性もある。

　収益事業を手がける環境NPOは，市場，再配分，互酬の3つの経済（交換関係）に依存しているため，ジレンマの解消は本質的に難しい。しかし環境NPOは，3つの経済セクターが相互に補完できるよう調整する役割を果たし，地域の関係性や共同性を実現していかなければならない。とりわけ商品化のジレンマを軽減するには，環境NPOは社会的行動のマーケティングを展開する必要がある。そこで重要になるのは，①商品をとおしたメッセージ性，②自然環境への共同性（共同占有意識）の高揚，③互酬が恒常的に連鎖するような仕組みづくりである。とりわけ，環境NPOは支援者同士による恒常的な互酬関係を構築・発展させていく必要がある。そのためには，人々の私益と共益が結ばれ，地域社会で相互的サービスの関係が形成されるような仕組みを整備していくことが課題といえる。

[注記]
1） Christopher H.Lovelock & Charles B.Weinberg, *Public and Nonprofit Marketing*, Scientific Press, [1984]，渡辺好章・梅沢昌太郎訳『公共・非営利のマーケティング』白桃書房［1991］230-237頁。
2） 都市部における「緑地」は，都市緑地保全法第2条2第1項において次のように定められている。
　・樹林地，草地，水辺地，岩石地もしくはその状況が，これらに類する土地が単独，もしくは一体となって，またはこれらに隣接している土地がこれらと一体となって良好な自然的環境を形成しているもの
　・施設緑地…都市公園等の人工的な緑地と，河川・港湾緑地，公共施設の植栽・緑地，社寺境内や動植物園など
　・地域性緑地…風致地区，緑地保全地区，自然公園等，法・条例・協定等で指定される緑地また，地域都市緑地保全法第3条では，緑地保全地区として下記の地域が指定されている。
　・無秩序な市街地化の防止や災害の防止等のために，遮断・緩衝・避難地帯として適切なもの
　・神社，寺院等の建造物，遺跡等と一体で，伝承や風俗慣習と結びついて伝統的，文化的意義をもつもの
　・風致や景観に優れ，動植物の生息地として適正に保全する必要があり，地域住民の健全な生活環境を確保するために必要なもの
3） 川崎市における緑地保全と観光化に関しては，拙稿「川崎市多摩区における観光資源の現

状と課題―都市型エコツアーの可能性―」「大学と地域の共生―まちづくりを中心に―」『専修大学商学研究所報』第35巻第7号，2004年3月，20-34頁を参照。

4）現在，里山は二次林で約800万ha，農地等で約700万haと，国土の40％程度を占めており，一般的に二次林を里山，それに農地などを含めた地域を里地と呼ぶ場合が多い。環境省ではこれらすべてを含む概念として「里地里山」と称している。環境省http://www.env.go.jp/nature/satoyama/chukan.html

5）よこはま里山研究所（http://www8.ocn.ne.jp/~satoyama/index.htm）。NORAが活動する横浜市の緑地は，市全体の面積（43,473ha）のうち6,299ha（市域面積の約14.5％）となっており，内訳は公園が1,796ha，緑地が1,346ha，農地が1,864ha，緑化地域が1,292haとなっている。また横浜市では，都市・緑地政策として，1971年には緑政局を設置し，1973年には「横浜市基本構想」「横浜市総合計画・1985」，「緑の環境をつくり育てる条例」を制定。1981年には「緑のマスタープラン」，「よこはま21世紀プラン」を策定，1985年には市街地緑の景観確保事業を創設。1987年には「横浜市都市緑化基本計画」，1994年には「ゆめはま2010プラン」，1997年には「横浜市緑の基本計画」策定し，緑地の保全に積極的に取り組んでいる。

6）地方観光地における緑地＝自然公園とは，優れた自然の風景地として自然公園法にもとづいて指定される地域であり，環境大臣が指定する国立公園・国定公園，都道府県知事が指定する都道府県立自然公園を指す。

7）財団法人日本自然保護協会編・発行『NACS―Jエコツーリズム・ガイドライン』［1991］，5頁。なお，エコツアーの具体的な内容や問題点については，海津ゆりえ・真板昭夫「エコツーリズムとは」『エコツーリズムの世紀へ』エコツーリズム推進協議会編・発行［1999］，Laurie Lubeck編『JATAエコツーリズムハンドブック：エコツーリズム実践のためのガイド』社団法人日本旅行業協会［1998］，及び，拙稿『前掲書』。

8）http://www.shinra.or.jp/ SHINRAの詳細な活動，及び知床ウトロ地域における環境対応型の観光事業については，拙稿「環境NPOによるエコツアーの現状と課題―知床ナチュラリスト協会『SHINRA』へのインタビュー調査より―」「知床ウトロ地域の環境保護活動の実態調査報告」『専修大学商学研究所報』第33巻第6号，2002年3月，15-22頁を参照。

9）Marthe Nyssens & Jean-Louis Laville, *The Emergence of Social Enterprise*, Routledge,［2001］, Carlo Borzaga & Jacques Defourny（eds.），（内山哲朗・石塚秀雄・柳沢敏勝訳『社会的企業―雇用・福祉のEUサードセクター―』日本経済評論社［2004］「18章 社会的企業と社会経済理論」）。

10）Burton A. Weisbrod, "Modeling the Nonprofit Organization as a Multiproduct Firm: A Framework for Choice," Burton A. Weisbrod（ed.）, *To Profit or Not to Profit -The Commercial Transformation of the Nonprofit Sector*, Cambridge University Press,［1998］, pp.47-64.

11）Marketing is an organizational function and a set of processes for creating, communicating and delivering value to customers and for managing customer relationships in ways that benefit the organization and its stakeholders.
　　http://www.marketingpower.com/live/content21257.php

12）Christopher H. Lovelock & Charles B. Weinberg, *op. cit.*

13）船橋晴俊「環境問題をめぐる配分の歪み―社会的ジレンマ論の視点から―」『組織科学』

Vol.24, No.3［1991］40-49頁。
14) Roger Sue, *LA RICHESSE DES HOMMES*, Editions Odile Jacob,［1997］,（『「第四次経済」の時代―人間の豊かさと非営利部門―』新評論［1999］）．

［参考文献］
近藤隆雄著［2002］,『サービス・マーケティング』生産性出版
田尾雅夫［1999年］,『ボランタリー組織の経営管理』有斐閣
古川彰・松田素二編［2003］,『観光と環境の社会学』新曜社
北川宗忠［1999］,『観光資源と環境：地域資源の活用と観光振興』サンライズ出版
中崎茂［2002］,『観光の経済学入門―観光・環境・交通と経済の関わり―』古今書院
Philip Kotler［1975］, *Marketing for Nonprofit Organization*, Prentice-Hall,（井関利明訳［1991］,『非営利組織のマーケティング戦略―自治体・大学・病院・公共機関のための新しい変化対応パラダイム』第一法規出版）．
Richard Normann［1991］, *Service Management: Strategy and Leadership in Service Business*, Wiley,（近藤隆雄訳［1993］,『サービス・マネジメント』NTT出版）．
Valene L.Smith & William R.Eadington［1992］, *Tourism Alternatives: Potentials Problems in the Development of Tourism*, University of Pennsylvania Press,（安村克己他訳［1996］,『新たな観光のあり方：観光の発展の将来性と問題点』青山社）．

第7章 コミュニティ・ビジネスの意義と課題

1 ● はじめに―2つのセクターの限界―

　人間は，社会との関係を抜きにしては個としては必ずしも生きていけない。その社会が大きく変わりつつある。大量生産，大量消費に代表される20世紀の工業社会のなか，地域社会では経済成長や都市化の波などにより，過疎・過密，富の集中と貧困という地域格差，所得格差などの社会問題が生じ，これらに派生した社会的弱者を創出する，多くの地域的，社会的問題も顕在化した。さらに，工業化，サービス経済化，さらには市場主義を中心とする経済のグローバル化の波は，先進国，発展途上国を問わず，ボーダレス経済のなかで国民国家自体をも混乱させ，21世紀の今日，各地域社会で，さらなる多くの問題が蓄積されつつある。

　こうしたなかで，世界中で，第3セクターに代表される市民活動が台頭，進展している。経済のグローバル化にともなう変化のなかで「第3の道」を表したAnthony Gidennsは，市民社会の再生に関連して，第3セクターの活用とコミュニティの重要性を述べた[1]。また，ヨーロッパでは，従来とは異なる社会経済モデルとして，人間の絆を意味する社会資本（social capital）が着目され始めている。ドイツのAdarbert Eversは第3セクター（非営利セクター）の各国の研究のなかで，社会資本を「市民社会のなかで（人々が）協力していくための活力や参加」と定義している。彼は，非営利・共同セクター（第3セクター）の問題は，制度，組織，人間も含む民主主義のあり方の問題ともしている[2]。

　一方，20世紀の工業化社会の日本をかえりみると，多種多様な地域共同体を

崩しながら東京を頂点とするヒエラルキー的な都市システムが形成され，地域の景観や，産業，就業構造などが均質化，画一化されていった。第3セクターという言葉は，1980年代のリゾート開発や都市再開発のなかでみられる。しかし，そこには諸外国のような市民活動という概念はなく，官（国・地方自治体），民（民間企業）の共同出資した企業と捉え，景気後退とともに破綻している企業も少なくない。今世紀に入り，地域社会や人々は，社会生活や自然という環境も含めた本当の豊かさを享受できぬままにいっそう荒廃している。市場経済の進展，少子高齢化という状況下，自殺者が3万人を超えるなかで，勝ち組，負け組という言葉が氾濫し，社会的弱者や敗者は何もせず，努力しなかった者と見なす社会になりつつある[3]。1990年代後半以降，日本でもコミュニティ・ビジネスを担うNPOなどの市民活動が萌芽してきている。この流れをひとつの地域振興，失業対策のための補完政策という見方はしたくない。市民社会の再生，新たな地域の活力が問われていると考えるべきではなかろうか。

　本章では，こうした問題意識から，2つのセクターの限界のなかで成長しているコミュニティ・ビジネスも含む第3セクターを市民活動の新たな波と考え，先行研究等から概観，検討し，コミュニティの変化等と関連し，その意義を明らかにしていきたい。また，既に論じられているNPO，コミュニティ・ビジネスなどの課題や，それらの市民活動と行政のあり方を整理・検討し，最後に，新たな市民活動と持続可能な社会という方向性として社会資本という視点から考えていきたい。

2 ●市民活動の新たな波

2-1　市民活動の新たな進展

　1995年の阪神大震災は，日本のボランティアの幕開けだとよくいわれる。しかし，21世紀は日本だけではなく，ボランティア，NPO，コミュニティ・ビジネス，非営利事業などの第3セクター，市民活動の変革の時期といえよう。

　経済のグローバル化により国民国家が揺らぎ，社会経済システムの国家と市場の限界がみえはじめ，多くの国々では，財政赤字のなかで，福祉制度が大き

第7章 コミュニティ・ビジネスの意義と課題

図表7-1　ウェルフェア・トライアングルにおける第3セクター

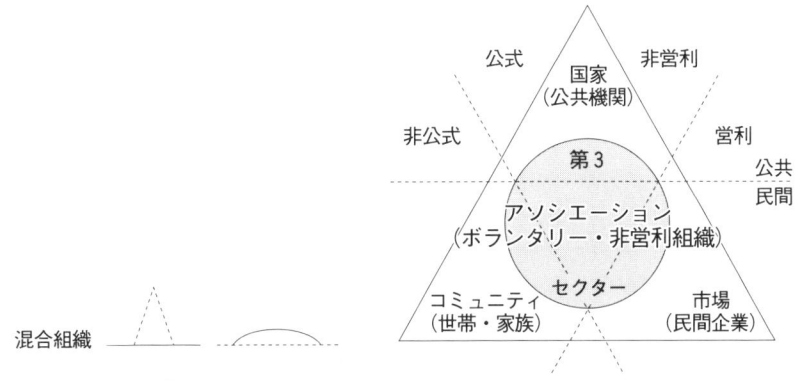

```
                      公式      国家      非営利
                              (公共機関)
              非公式                         営利
                           第3
                                           公共
                        アソシエーション        民間
                       (ボランタリー・非営利組織)
                          セクター
                   コミュニティ          市場
                   (世帯・家族)      (民間企業)
  混合組織
```

資料：川口清史他『福祉社会システムと非営利共同セクター』(1999)より引用

な転換を迎えている。国の福祉制度はその国の変化を表す場合が多い。所得の再配分をある意味では示すからである。とくに，ヨーロッパでは福祉制度が大きく転換するなかで，多様化した自助組織が増加している。また，Salmonは，アメリカ社会で巨大化したNPOの危機を論じている[4]。世界中の第3セクターに大きな変化がおきている。

　第3セクターの概念は様々な議論がある。それは，それを担う市民の存在，歴史的文化的経緯の相違や国のありかたに大きく関わっているからである。例えば，第3セクターという言葉は，日本では官民一体の事業体にすぎなかった。ここでの民は企業であり，市民ではなかった。アメリカでは，NPOを指す場合が多く，ヨーロッパでは非営利組織を指す場合が多い。Pestofは3つの軸でウェルフェア・トライアングルを示し，第3セクターはそれぞれ国家，市場，コミュニティの間でそれぞれの組織が動いていると説明した[5]。以下では，コミュニティ・ビジネスも含め第3セクターを市民活動と捉え考えていきたい。

2-2　ヨーロッパの市民活動

　ヨーロッパでは福祉制度，あるいは，それに関わる第3セクター，いわば市民活動が大きく変化している。国家・政府と市場の2つセクターの限界と述べたが，第3セクターをはじめとする市民活動による社会サービス供給が増えれ

ば国家の責任は減少する，またその逆というゼロサム仮説は間違いであり，市民活動は国家・政府の対抗的補完的役割を担っているという見方もできる。

　日本同様に福祉が遅れているといわれた，イタリアを例にとると，1970年代，国を中心とした福祉政策が整備される。しかし，その後，現実の福祉のニーズとの間には大きな広がりとともに，自助活動や連帯活動，ボランティアの動きが生まれ，80年代に大きく盛り上がった。90年代にはいると，福祉の地方分権化が進展するとともに，1991年の法律は，新たなタイプの社会的協同組合という新たな形をうみ，これら，市民活動組織の社会的認知が広まった。社会的協同組合は，全体の約7割を占める，高齢者や子供などの保険サービスや社会的教育サービスを供給するタイプと，残り3割の社会的弱者（アルコール中毒や受刑者も含め，一般の労働市場から排除されている人々）を労働市場へ統合するタイプの協同組合であり，協同組合とボランティアのハイブリット組織である。この法律では，社会協同組合を「市民の間でコミュニティの協同利益を，人間の成長と社会の発展のために推進する企業」としている。

　多くのヨーロッパの国々で，同様な状況がおきている。最近まで，ヨーロッパは，福祉を国家がみた福祉国家が多かった。歴史的経緯からヨーロッパの福祉の担い手を社会サービスという視点からみると，最初は家族であった。次が宗教的道徳もとづく教会で，慈善という形で行っていた。次は国がその中心となった。

　しかし，近年，多くの国で福祉制度そのものが揺らぎ始めているのも事実である。各国で共通した問題として，財政悪化と失業率の増大がある。また，高齢化，少子化，マイノリティーの増加，コミュニティの崩壊等という問題もある。とくに，前者は，福祉の市場化，いわば混合化が第3セクターも巻き込み生じ，失業問題の深刻化のために補完的政策的の色を強くしているのである。また，後者の関係から，従来型の組織の硬直性などが市場経済の進展により加速され，高齢者などの社会的弱者への支援，子供の保育などの新たなニーズが生じ，介護・保育の多様な社会化を招き，様々な自助組織が生まれているのである。スウェーデンのマルティ・ステイクホルダー協同組合，ドイツの社会的自助運動，フランスのアソシエーション，前述のイタリアの社会協同組合，そして，イギリスのコミュニティ・ビジネスなどの組織である。

2-3　イギリスのコミュニティ・ビジネス

　第3セクターのひとつでもある，コミュニティ・ビジネスという言葉は1980年代にイギリスで広がった。初期の有名なものが，グラスゴーにおけるコミュニティ・ビジネスである。これは，サービス経済化の進展や都市化の流れのなかで，衰退するスコットランドの過疎地域で地域住民たちが始めた「コミュニティ協同組合」と呼ばれる地域コミュニティを支える事業の流れからきている。当時，グラスゴーでは，地域経済の衰退にともなう失業や犯罪などが大きな社会問題になっていた。同時期のイギリスの多くの地域では，産業構造の転換，企業のリストラクチャリング，急激な都市化などから，失業，貧困・犯罪などの地域的な社会問題が都市のインナーシティーを中心に顕在化していたのである。そこで，長期失業者の雇用のミスマッチの解決策として，新たなスキルとコミュニケーション能力を長期失業中の元工場労働者につけ，新たな労働市場（主にサービス産業）にシフト，再復帰させる政策過程で非営利事業を指してもちいられたのが始まりである[6]。

　このコミュニティ・ビジネスの流れは現在も続いており，「最終的には事業として自立できることを目標とし，地域コミュニティによってコントロール，所有される企業」と定義され，活動が続いている。日本においては様々に定義されているが，例えば，金子はコミュニティ・ビジネスとは，生活地域を共有する「地域コミュニティ」，関心や目的を共有する「テーマ・コミュニティ」を前提に，コミュニティ（ローカルないし，テーマ）に基盤をおき，継続的なビジネス活動であり，コミュニティのソーシャル・キャピタルを高める活動[7]と述べている。

3　コミュニティの危機

3-1　コミュニティと工業化・都市化

　では，近年の新たな市民活動の背景をコミュニティという視点から考えていきたい。新たな市民活動のひとつであるコミュニティ・ビジネスにとり，コミ

ュニティという言葉は重みのある言葉である。コミュニティの意味は我々が想像しがちな従来型の地域のコミュニティとは限らない。コミュニティ自体の概念は本来多種多様で曖昧である。コミュニティを論じるときに，時代や地域によりその形成や概念が多様であるからにすぎない。コミュニティという言葉を最初に学問的に用いたのはアメリカのMacleverといわれる。彼は，アソシエーションとコミュニティを区別し，アソシエーションは共同の関心などの追求のために設立された社会生活の組織体，コミュニティは，社会的存在の共同生活の焦点とし，またコミュニティは共同の関心によって創出されるアソシエーションを生み出す母体とした。彼は20世紀に初頭の急激な工業化と都市化のなかで，危機を迎えた社会をみていたのである。

同様に，20世紀はじめのヨーロッパでは，Ferdinand Tönniesがゲマインシャフトからゲゼルシャフトへ，ゲゼルシャフトから協同組合主義的なゲノッセンシャフトへという社会発展3段階説を唱えた。共同体社会から近代的地域社会の流れを社会集団の変化として捉えたのである。[8] ゲマインシャフト（共同社会）は，人間的な絆（地縁，血縁，愛情）をもとにした集団で，特徴として家族，村落，都市などがある。ゲゼルシャフト（利益社会）は，多様な利害で結合した契約的社会集団で，都市型社会の特徴を保つ存在であり，国家，企業，大都市があげられる。また，ゲマインシャフトは封建社会以前のような個として自覚をかいた，全体に埋没しがちな社会で，ゲゼルシャフトは個人の自覚はあるが絆は必ずしも強くない，契約に結合した機械的な利益社会[9]ともいえる。

都市と農村という地域社会を考えてみよう。封建時代以前の都市は市を中心とする交流の場であり，消費の場であった。生産は周辺の農村が行っていたからである。農村に代表される共同体における農業生産は，自然環境の厳しさや労働力の問題などから，人間的絆にもとづく共同作業を前提とし，その相互扶助によって生産された。神野によれば[10]，共同体では定住による継続的な人間の触れあいにもとづいて，自発的な協力が生じる。農村における人間生活は，こうしたこうした共同体的人間の絆に包摂され営まれていたのである。都市は交流の場であり，継続的な人間の接触は乏しい。交流の場であるがゆえに共同体的人間の絆は脆弱である。つまり，都市では自発的な協力にもとづく人間の共同生活を支える相互扶助や共同作業が作用しにくいのである。そこで，都市は共同体的絆を補完するために，自治が実現する。ところが，産業革命以降，本

格的な市場社会が成立すると，都市は生産と消費の2つが集中し，都市に労働市場が生まれ，人口が集中し，大都市が生まれる。こうして，労働市場の中心である大都市では，封建時代とは異なった富の集中から富裕層が生まれるとともに，貧困などの社会問題が生じる。産業革命以降，都市は，経済成長とともに巨大化し，それによる社会変動により，都市，農村を問わず，コミュニティの危機は繰り返されてきた。

3-2　コミュニティの危機

　日本においても，コミュニティの危機は，繰り返されてきた。とくに，1960年代終わりの高度経済成長期，都市の膨張と地方の衰退のなかでコミュニティという言葉は，ほぼ同時期に政策の観点から論じられた。ひとつは，国民生活審議会調査部会コミュニティ問題小委員会の報告「コミュニティ―生活の場における人間性の回復」(1969年)であり，もうひとつは，廃止が決定した戦後の開発行政の指針であった，全国総合開発計画の2期目の新全国総合開発計画(1969年)のなかでである。日本におけるコミュニティの公的な規定として，前述の国民生活審議会調査部会コミュニティ問題小委員会の報告のなかで「生活の場において，市民としての自主性と責任を自覚した個人及び家庭を構成主体として，地域性と各種の共通目標をもった，開放的でしかも構成員相互に信頼感のある集団」とされている。

　この当時，日本でも工業化や都市化の流れのなかで農村から都市へ人口が移動し，ローカルコミュニティは消滅しつつあった。しかし，こうした上からのコミュニティ再生は果たして本来の意味での人間性の回復がなされたであろうか。今でも一部の行政による政策過程で，従来型の地縁，血縁の絆などを強調し，かつての地域共同体＝地域コミュニティとして使用している場合が少なくない。本来は，市民参加による新たなコミュニティ(テーマもローカル＝地域も)と考えることで理解することができる。

　同様なことは世界中でおきている。発展途上地域でも，20世紀の大量生産，大量消費社会は，発展の時期が異なるものの，産業のキャッチアップ化と市場のグローバル化にともなう地域内分業化により，発展途上国の成長のスピードを短縮させ，先進国以上に急激な成長をし，そのひずみが世界中でいっそうの

社会問題を引き出し，コミュニティを崩壊させている。いわば，経済発展の代償とともに，都市への人口流入にともなう農村の荒廃や都市化が，それまで，家族やコミュニティ，宗教などが担っていた相互扶助の地域的衰退を地球レベルで進行させているのである。したがって，イギリスのコミュニティ・ビジネスにおけるコミュニティの重要性も，従来型の地域的な絆だけでなく，むしろ市民参加による新たなコミュニティのある地域コミュニティと解釈できる。そして，地域のコミュニティは，地縁，血縁などだけに支えられた従来型のコミュニティが都市ばかりでなく多くの地域で消失するなかで，失業や地域経済の低迷などにより貧困者など社会的弱者は新たな絆を求めざるを得ず，こうしたセーフティーネットを形成する場として，活性化する場として重要なのである。経済のグローバル化は国家レベルを変動させ，国家が担ってきたものまで弱体化させている。だからこそ，市民活動が重要になるのであり，NPOなどが増加しているといえよう。

4 ●日本型コミュニティ・ビジネスの課題

　世界中でNPOやコミュニティ・ビジネスなどの市民活動が活発化してきているが，これらの課題は，国家や地域が異なっても同様にある。アメリカのSalamonは，アメリカのNPOを中心に4つ（①財政上の危機，②市場競争の危機，③有効性の危機，④信頼性の危機）に代表される危機を指摘している。最初の財政上の危機は，非営利とはいえ，利益を生まなければならないビジネスという側面を指摘しており，諸外国と異なり献金などの割合が低い日本では，多くの組織が補助金収入に左右されやすいことから理解しやすい。また，最後の信頼性の危機はすでに日本でも生じている。例えば，日本のNPOは，様々な組織が玉石混合に乱立した時期であり，さらに非営利セクターという概念が多くの誤解を受けている。そして，すでに認証を取り消されたものがある。
　では，市場競争と有効性の危機を具体的に考えてみよう。神戸都市問題研究所による「コミュニティビジネス調査」（平成14年3月）によれば，活動分野（複数回答）は，「障害者・高齢福祉」28.5％（単独22.0％），「まちづくり，村おこし，特産品販売」26.9％（単独15.3％），「文化・芸術・教育・スポーツ」

26.3%（単独6.7%），「子育て支援・その他家事支援関連」24.4%（単独7.3%），「介護サービス」18.3%（単独14.0%）などとなっている[11]。

　ここから，少子高齢化や景気動向からの「障害者・高齢福祉」，「子育て支援・その他家事支援関連」，「介護サービス」など，社会的弱者への労働集約型の社会サービスの割合の多いことがわかる。これは，多くのNPOの動向に関連した調査でも同様である。

　このなかで多い社会サービスの現状から，市場競争と有効性の危機に関連した課題を検討してみよう。介護保険に基づく高齢者福祉では，高地価による都市部の公的施設不足と，輸送費費用も含めた市場原理に不利な地方のサービス格差は今なお続いている。そこには，福祉行政の構造的問題が背景にある。

　介護保険の導入期，労働集約型産業にもかかわらず，大手の民間業者は敗退した。それは，必要最低限の同様なサービス供給と受容者側のニーズが差異があったこと，また構造的問題から，供給側の価格面の相違を市場に形成できなかったことなどによる。しかし，最近，介護保険に関わるサービス供給者であるNPO等のなかには，許認可の関係で組織転換するところが目立ちはじめ，次第に規模の大きな事業体が市場を席巻し始めている。2005年の予防介護によるプログラムの均質化は，この傾向が加速することが予想され，再び民間の大手企業の参入が始まっている。これは，市場競争のなかで，利益を上げねばならないが，介護保険制度が支援度による上限を抱える個人市場のため，数をこなせねば利益が出ず，中小においても，点数によるマニュアル化されたサービス供給が蔓延し，サービスの質の向上の限界が構造的に露呈した結果ともいえよう。市場競争の危機であり，介護の社会化は，家庭の負担や新たな市民活動の参入への構造的問題を助長させている。

　また，サービスの質や多種多様なサービスの提供という視点からは，財政悪化や必要最低限の同様なサービスの提供という政策的方向のために，行政の横だし，上乗せサービスは減少している。結果として，多種多様なサービスや質の向上の需要の減少が，多様なNPO等の活動を逆に困難にさせている。さらに，事実上の口コミ世界での事業体自体の情報公開の低さは，擬似的なプリンシパル・エージェント関係を形成し，受容者側のニーズの多様化を阻み，同時に多種多様なサービスの創出をも減少させている可能性もある。口コミ世界が多い，子育て支援等でも同様な場合がいくつかみられる。

次に，有効性の危機を考えてみると，例えばテクノクラート化による孤立化の方向性が見え始めている。例えば，高齢者福祉など社会サービスは，最後は人といわれるが，介護，医療，看護にサービスが区別され，特定の資格取得の有無で，ニーズが左右し，低賃金である。この結果，サービスの質の向上が資格の向上に姿を変えたにすぎず，専門家の養成が必ずしも質の向上に結びつかないという制度的な構造問題に変貌していく側面もある。同様なケースは「まちづくり，村おこし，特産品販売」の一部でも聞かれ，都市計画の延長上の法制度知識の有無や専門性が問われ，本来の市民参加が十分に浸透していない地域もある。この有効性の危機，孤立化の大きな問題は参入の危機でもあり，今後，多くの意欲ある団塊の世代などの参入の障壁にもなるとともに，本来の使命の喪失にもつながる可能性がある。

5 ● 行政と市民活動の課題

5-1　イギリスのコンパクト

　日本の市民活動，第3セクターは，他のセクターに働きかけてその強みを引き出すコーディネーターの役割を果たすのではなく，むしろ他のセクターに浸透されてその強みを発揮できなくなるというケースが多いという意見がある。確かに，1960年代終わりののコミュニティの意味が必ずしも新たな市民社会構築という形にならず，むしろ後退した可能性もあり，さらに80年代の官民一体の第3セクターの成立も単なる官民の共同事業体に終わっている。

　しかし，近年，地方分権の流れのなかで，地方自治体を中心にパートナーシップの重要性が指摘されはじめ，ルール作りがはじまっている。この節ではイギリスのコンパクトの成立状況と課題から，今後の日本の行政と市民活動の課題を考えてみたい。

　ボランティアの母国といわれるイギリスだが，ボランティアも危機といわれる時期を経て，1980年代の新自由主義に基づくサッチャー政権下，規制緩和と公共セクターの市場化が入札制度と委託契約のもとにはかれた。この結果，民間企業の参入は積極的にはかられたが，地方自治体と第3セクターの連携は十

図表7-2 イングランドにおけるコンパクトの公開状況

The Compact is the agreement between government and the voluntary and community sector in England to improve their relationship for mutual advantage.

By building better relationships the Compact can help government and the voluntary and community sector work better together for the communities they serve.

Use this website to find out how the Compact can help you. Please contact us if we can help you further.

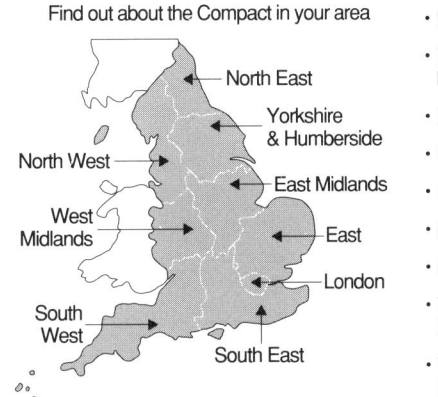

Find out about the Compact in your area

- North East
- Yorkshire & Humberside
- North West
- West Midlands
- East Midlands
- East
- London
- South West
- South East

・East
・East Midlands
・London
・North East
・North West
・South East
・South West
・West Midlands
・Yorkshire & Humberside

資料：http://www.thecompact.org.uk/

分とはいえなかった。また，福祉分野の市場原理の導入は，施設拡充重視のなかで，コミュニティの格差拡大，崩壊，社会的弱者へのケア不足という結果も生んだ。しかし，1993年に施行されたコミュニティ・ケア法は，イギリスの第3セクター（コミュニティビジネスも含む）を大きく変化させた。それまで，自治体が担ってきた福祉サービスが，外部委託され，チャリティ資格の規制緩和が進展し，第3セクターの急激な増加を生んだからである。けれども，入札制度などの市場化された外部委託制度は，①大規模な組織が有利，②ボランティアのミッションの混乱，③アイデンティティーの危機，④行政への下請け化など，「コントラクト・カルチャー」と呼ばれる多くの問題を生じた。

　こうした混乱したのなかで，1998年，ブレア政権は第3セクターを社会における重要なセクターと位置づけ，「コンパクト（compact）」と呼ばれる政府，行政とセクターとの間に結ばれる協定を始めた。そこには，理念，政府・行政とボランタリー・コミュニティーセクター両者のそれぞれの責務，他の団体（マイノリティ団体も含めて）に関する問題，意見相違のための解決，最後にコンパクトを発展させるためにが示されている。福祉の大転換をめざし，ボランタリー・コミュニティーセクターが市場競争のなかで低コストでサービスを供給する存在ではなく，市民社会の方向性を示しているのが，コンパクトの基礎となる共通理念である。そこには，①市民社会の形成におけるボランタリー・コ

図表7-3　イングランドの地方政府（Local Authority）のコンパクト策定状況（2003年）

Published	201	52%
Underway	143	37%
Starting before March 2004	19	5%
No plans	16	4%
No information	9	2%
Total	388	100%

資料：UK Home Office Voluntary and Community Unit

図表7-4　第3セクターの収入

財　源	収入に占める割合
中央及び地方政府からの補助金	34.00%
サービス提供等による自団体の活動による収入	24.00%
個人献金	35.00%
企業からの献金	5.60%
その他	1.40%
合　計	100.00%

資料：The UK Voluntary Sector Almanac, Andrew Passey, Les Hems and Pauline Jas, NCVO publications, 2000

ミュニティーセクターの位置付け，②自立のための説明責任と情報公開，③法律の範囲内でのキャンペーンの権利，④社会的弱者も含め，全ての人々への機会均等の重要性が掲げられている。

しかし，第3セクターの収入は個人献金が最も多く，ほぼ同じ約35％前後の補助金からもまかなわれており，コンパクトが形骸化したり，さらに収入の多くを上位の大規模な組織に集中しているなど，かつての「コントラクト・カルチャー」と呼ばれる時期と同様な問題が生じる可能性は否定できず，政府，行政とセクターの今後の課題となっている。同様なコンパクトは2001年以降，福祉の分権化とともに「ローカルコンパクト」として，行政とボランタリー・コミュニティーセクターとの間に結ばれ始めている。これらも，協定の作られるまでの過程が重視されている。

第7章　コミュニティ・ビジネスの意義と課題

図表7-5　あいち協働ルールブック2004

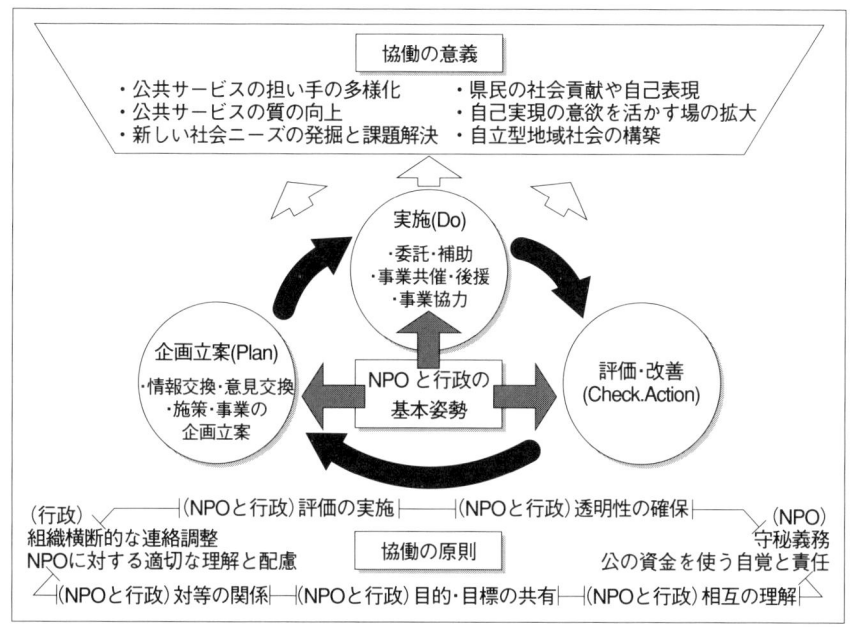

```
┌─────────────────────────────────────────────────────┐
│                   協働の意義                          │
│  ・公共サービスの担い手の多様化  ・県民の社会貢献や自己表現 │
│  ・公共サービスの質の向上        ・自己実現の意欲を活かす場の拡大 │
│  ・新しい社会ニーズの発掘と課題解決・自立型地域社会の構築 │
│                                                     │
│              ↑        ↑        ↑                   │
│                   実施(Do)                          │
│                  ・委託・補助                        │
│                  ・事業共催・後援                    │
│                  ・事業協力                          │
│                                                     │
│   企画立案(Plan)    NPOと行政の    評価・改善        │
│  ・情報交換・意見交換  基本姿勢   (Check.Action)     │
│  ・施策・事業の                                     │
│    企画立案                                         │
│                                                     │
│  (行政)  ├(NPOと行政)評価の実施┤├(NPOと行政)透明性の確保┤  (NPO) │
│  組織横断的な連絡調整                              守秘義務 │
│  NPOに対する適切な理解と配慮    協働の原則    公の資金を使う自覚と責任 │
│  ├(NPOと行政)対等の関係┤├(NPOと行政)目的・目標の共有┤├(NPOと行政)相互の理解┤ │
└─────────────────────────────────────────────────────┘
```

資料：http://www.pref.aichi.jp/syakaikatsudo/webpress_NPO20040517.html

5-2　日本におけるNPOと行政との協働の広がりと課題

　コミュニティ・ビジネスは必ずしも非営利団体とは限らないが，これを担う中核的存在である，NPOと行政との間に協働の指針などを出している地域が日本でも多くなり始めている。行政と第3セクターの関係は，日本では，①補助，②共催，③委託といったケースとして考えられる。補助は，行政が事業等を育成，助長するために反対給付をすることで，資金助成やモノの支援や出向等の人的援助が具体的な例である。共催は，ともに主体で事業を行う協議会形式などである。最後の委託は行政の業務を経済性や専門性から執行を委ねることで，イニシアティブは行政にあり，受託側は行政の方向性どおりに行い，その成果と責任は行政に帰属する。これは，ここでは2つの事例を紹介したい。

　愛知県はNPOと行政の協働促進のために**図表7-5**のように2004年5月に協働ルールを定め，ルールブックとして発行している[13]。ルールブックは，NPOと行政が対等の立場で協議，合意した事項をとりまとめたもので，すべてのNPOに

厳守を義務づける者ではなく，協議に当たって，愛知県と賛同するNPOが最大限の厳守に努めることをとしており，基本的な内容として「意義及び原則」「基本姿勢」の2つを柱にしている。協働の意義として，①自立型地域社会の構築，②県民の社会貢献や自己表現・自己実現の意欲を生かす場の拡大，③新しい社会ニーズの発掘と課題解決，④公共サービスの質の向上，⑤公共サービスの担い手の多様化とされ，原則として，①目的・目標の共有，②相互理解，③対等の関係，④透明性の確保，⑤評価の実施の5つがあげられている。基本姿勢は企画立案，実施，評価・改善の各段階における基本姿勢などを示しており，実施の項目のなかには，①委託，②補助，③事業共催，④後援，⑤事業協力の5つのケースの姿勢が示されている。

次に，横浜市の横浜コードと呼ばれるルールをみてみると，コードとは決まりの意味で，市民活動との協働に関する基本指針が説明されている。基本指針は，①対等の原則，②自主性尊重の原則，③自立化の原則，④相互理解の原則，⑤目的共有の原則，⑥公開の原則6つの原則から成立している[14]。これら2つに共通することは，対等，共有，相互理解，透明性であり，他の自治体などでも，ほぼ共通である。さらに，こうしたルールを条例化した都道府県も増加している。

日本の場合，こうしたルール，条例化が，進行しても予想された範囲内で多くの課題が既に出ている。ひとつは行政側の問題である。例えば，いくつかの自治体では，いまだに安価な事業体と考え，対等という意味が失われているところも少なくない。また今後，規模の大きさや従来の経験値や業績などの評価基準による新規参入の機会喪失なども予想されるのである。もうひとつはNPOなどのセクター側の問題で，広域活動に活動している事業体や収益目的のために組織の外部化したところでは，利潤目的のために受託地域の選別がでているケースなどがあり，理念の形骸化が生じており，イギリスの「コントラクト・カルチャー」のような方向性に向かうことも否定はできないのである。

6 ● 持続可能な社会と社会資本

社会経済システムの変化により生まれたイギリスのコミュニティ・ビジネス

図表7-6　社会資本の概念と範囲

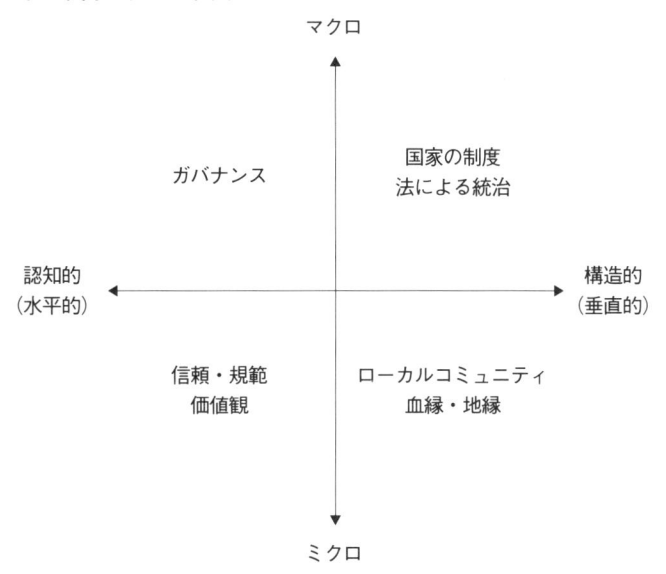

```
                          マクロ
                           ↑
                           │
           ガバナンス        │    国家の制度
                           │    法による統治
                           │
    認知的  ←───────────────┼───────────────→  構造的
   （水平的）                │                （垂直的）
                           │
           信頼・規範        │    ローカルコミュニティ
           価値観           │    血縁・地縁
                           │
                           ↓
                          ミクロ
```

や非営利組織など，市民活動は政府と市場の間で重要な位置を占めはじめた。これを，社会資本という考え方から次にみていこう。ひとつの考え方として，政府・市場の限界から，人間の絆を意味するsocial capital（社会資本＝社会関係資本）が活発になり，結果として人間活動（第3セクター）が補完的作用を行っていると考えることができる。この社会資本とは，従来の道路や上下水道，図書館などを意味した社会資本（社会的間接資本＝social overhead capital）とは異なる。

　社会資本という考え方は，社会学者のColemanらが「その存在が成し遂げる力の源泉になる」などと定義したものを，政治学者のPutnamがコミュニティと結びつけた。彼は，南北イタリアの政治経済的発展の相違を，「信用」「互酬性の社会規範」「社会参加のネットワーク」の3つを社会資本の構成要素から，その相違を説明し，その差を生じさせた力として社会資本という言葉を用い広がった。この概念はまだまだ議論されている段階で，多くの分野で多義的に用いられているが，広義的に人や地域のもつネットワーク，問題解決能力などの潜在能力の力を高めるもの，人の絆といった言葉がわかりやすい。成長を説明するうえで，従来の天然，物的，人的資本で説明できないところにある資本，ミッ

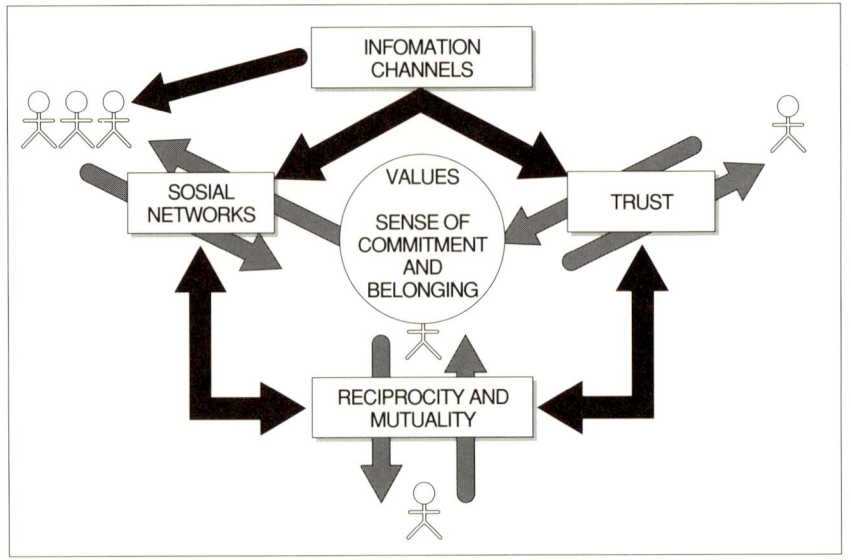

図表7－7　SOSIAL CAPITALのサイクル

```
            INFOMATION
            CHANNELS

  SOSIAL              VALUES              TRUST
  NETWORKS         SENSE OF
                   COMMITMENT
                   AND
                   BELONGING

            RECIPROCITY AND
            MUTUALITY
```

資料：加藤恵正『Sosia Capitalからみた地域通貨』(2004)より引用

シングリングの中心という解釈もある。

　では，なぜ社会資本という言葉が多くの分野で注目されているのか。それは，持続的成長を可能にする力があると考えられているからである。かつて，世界の開発援助機関は，貧困の撲滅のためには資本と人を発展途上地域に投入し経済成長をはかることで近代化するという発想であったが，近年人々が自らのもつ能力，潜在的能力を高めるという方向に転換した。即ち，human capital（人が習得する技能や能力など生産に寄与する資本）を育成しない限り持続可能な発展は困難であるという前提であった。現在，この考え方の主流な理論的背景になりつつあるのが，この社会資本という考え方で，多くの国や組織，研究者の間で多様な論議がされながら理論的進化をつづけている。

　最近の研究から，なぜ，社会資本の増加がなぜ，社会を持続的成長を可能にするのかをみてみよう。社会資本には構造的（structual）社会資本と認知的（cognitive）社会資本の2種類がある。[15] 構造的社会資本とは，ネットワークや社会組織などで，認知的社会資本は，規範，価値観，信条などがあてはまる。この2つは相互補完関係にあり，構造的社会資本の維持の基本が認知的社会資本

の存在で，認知的社会資本は構造的社会資本によって再生産されている。これに，これらの社会資本が及ぶ範囲として「ミクロ」と「マクロ」という軸を加えると，図表7－6のようになる。ローカルなネットワークは，ミクロな構造的社会資本の区分に入り，ミクロな認知的社会資本には，信頼や規範，価値観などがあり，一方マクロな構造社会資本には国家の制度や法による統治となり，同様にマクロな認知的社会資本の代表がガバナンスである。

このような社会資本のサイクルを別の研究からみてみよう。[16] 社会資本は情報，信頼，社会ネットワーク，帰属意識や使命などの価値観の共有，互恵性などの要素からなり，これらの多くは組織や個人の関係を示している（図表7－7）。これらは，相互に関連しており，例えば最も重要な構成要素である信頼は，帰属意識や使命感などの価値観の共有や互恵性を生み，これらは社会的ネットワークを醸成させる。社会的ネットワークの進展はその帰属意識や使命の価値観を上昇させるとともに，信頼が高まる。このサイクルは相互に関連しており，情報のチャネル選択はそれぞれを強めたり弱めたりするのである。

したがって，社会資本は，信頼という財から情報も含めた取引費用を節約することによって不確実性を縮小し安定や成長を維持する可能性があるともいえるのである。不確実性を不安と書き換えれば，大きな変革期に，セーフティネット機能をもつ自助組織の増大が安定を求めて大きな市民活動に変化すれば，社会を持続的可能に成長させるよい方向が見えてくる。

7 ● むすびに—地域再生と場の活用—

本稿では，コミュニティ・ビジネスも含めた市民活動の台頭を概観してきた。では，この市民活動の台頭，進展を持続可能にするためには具体的に，どうすればよいのであろうか。Colemanは「人々が互いに助力を広く求めれば求めれるほど，そこに生まれる社会資本の量は増えるであろう。…社会的諸関係は，もしそれが維持されないのであれば消滅し，期待と義務もそのうち萎んでしまう。規範は規則的なコミュニケーションに依存しているのである。」と述べた。社会資本は使えば増加し，使わなければ減少するのである。[17] 市民社会の再生，新たな地域の活力は，社会資本をより用いるという答えになる。場の重要性を社会

資本の増加という視点で考えることでむすびにかえたい。

　ひとつは，人材の活用，場の提供という場である。コミュニティ・ビジネスも含め近年の市民活動は，他の章でも示されているように，その由来も含め新たな市場の創出や雇用政策という側面をもつ。しかし，一方で既存組織の再活用や再編を新たな意欲ある人材の活用の場として考え，社会資本を増加させる視点への転換とみることもできよう。

　例えば，地域コミュニティの代表的な地縁組織などの従来組織である。現在，日本の行政の多くは，公報の配布，防犯活動，などで地域の地縁組織である自治会，町内会などを行政の下請け組織に長年してきた。従来から，自治会，町内会はかつての隣保組織イメージがあり，また，一部の地域では連合を頂点にヒエラルキー的な組織構成が形成され，集票マシンになっていた地域もある。さらに，長年同じメンバーの構成による硬直化や，当番制などから形骸化した組織となっている地域が多い。こうした状況下で，行政の政策の計画，執行過程でも扱いやすい存在となり，例えば，まちづくり協議会の役員や地域委員選定の際に，地域の市民代表として常に用いられてきているといっても過言ではない。いわば，イギリスの「コントラクト・カルチャー」化した組織になってしまった感がある。

　しかし，少しずつでもあるが，社会変化にともなう住民意識の変化などから，こうした地縁組織の質にも変化がみられる始めている。市民の意識は多様化し，多くの選択肢も必要であるが，NPOなどと必ずしも並立させたり，新たな地域組織を作らず質的な変化を考える時期にきているのではないか[18]。

　また，大都市に多い子育てサークルの活用も同様である。子育てNPOの一部には地域の子育てサークルが発展してきた場合も少なくない。危機感や問題意識の共有の価値観が社会的ネットワークとして進展したとも考えられるのである。しかし，再就職や子供の成長による世代交代，行政との運営上の関係など，様々な状況から，組織運営が発展しない場合も多い[19]。こうした既存の組織の人々のなかには意欲がある人も多く，これらの人材の活用や，積極的に場を提供することは，社会資本の新たなる活用につながるだけでなく，今以上の市民活動にも寄与するのである。

　もうひとつが空間的な場の形成である。近年の日本は殺伐とした感がある。この課題のひとつの解決策が規範の形成であり，世代間交流をはかる場の形成

である。これは必ずしも建物には限らない。かつて，日本の地域社会にはフェイス・ツウ・ファイスによるコミュニケーションを可能にする女性の居場所があった。女性の多くが子育て時期も含め，企業社会から地域へ男性に比べ先に重心を置いた結果であった。しかし，女性の社会進出の増加は，それまで，企業社会を居場所とし，リタイアして地域に戻ってきた人々には居場所があまりにもないことを耳にする機会が多い。これから，男女を問わず，団塊の世代がリタイアの時期に入る。フェイス・ツウ・ファイスによるコミュニケーションは規範だけでなく信頼も得やすく，そこから共通の価値観が生じやすい。価値観が共有する世代間交流は，知識の情報伝達による新たな社会資本形成に寄与する可能性が高い。地域再生が叫ばれている今こそ場の重要性を考える時期にきているのではなかろうか。

［注記］
1) Anthony Giddens, *The Third Way*, Polity Press [1998]（佐和隆光訳『第3の道』日本経済新聞社 [1999]）．
2) アダルバート・エバート「混合福祉供給システムにおける第3セクターの社会サービス」川口清史・宮沢賢治編『福祉社会と非営利・協同セクター』日本経済評論社[1999年]。
3) 神野直彦『人間回復の経済学』岩波新書 [2002]。
4) Lester M Salamon, *Holding the Center: America's Nonprofit Sector at a Crossroads*, The Nathan Cummings Foundation [1997]（山内直人訳『NPO最前線』岩波書店 [1999]）。
5) 注2) 同掲。
6) 細内信孝『コミュニティ・ビジネス』中央大学出版部 [1999]。
7) 金子郁容「それはコミュニティから始まった」本間正明・金子郁容・山内直人・大沢真智子・玄田有史『コミュニティビジネスの時代―NPOが変える産業，社会，そして個人―』岩波書店[2003年]。
8) 山崎丈夫『地域コミュニティ論』自治体研究社 [2003]。
9) 吉田浩『フェルディナンド・テンニエス』東信堂 [2003]。
10) 神野直彦『地域再生の経済学』中公新書 [2002]。
11) 神戸都市問題研究所「コミュニティビジネス調査」[2002]。
12) http://www.thecompact.org.uk/nationalpage.htm, 東京ボランティア・市民活動センター「イギリスのコンパクトから学ぶ協同のあり方」[2003], 斉藤満智子「英国におけるボランタリーセクター」CLAIR REPORT [2002] などが詳しい。
13) http//www.pref.aichi.jp/syakaikatsudo/webpress
14) 松下啓一『新しい公共と自治体』信山社 [2002] などによる。
15) 佐藤寛編『援助と社会関係資本』アジア経済研究所 [2001] などによる。
16) Christian Grotert & Thierry van Bastelaer eds., *The Role of Social Capital in Development: An*

Empirical Assessment, Cambridge University Press, [2002] 及び加藤恵正「Socil Capitalからみた地域通貨」「地域通貨の地域社会の影響と今後の添加に関する調査報告」21世紀ヒューマン研究機構, 2004年所収を参考にした。

17) 地域通貨も社会を活性化させるひとつの手段であり, 使用しないと価値は減少することで, 流通させる。

18) 多くの市町村でNPOなどが積極的に参加しているが, 既存組織とは異なる委託等の関係である。地域の活性化のためには, 従来型組織の積極的活用も必要になってきている。

19) 首都圏郊外を中心とした聞き取り調査などによる。

[参考文献]

川口清史・富沢賢治編 [1999],『福祉社会と非営利・協同セクター－ヨーロッパの挑戦と日本の課題－』日本経済新聞社

谷本寛治・田尾雅夫編 [2002],『NPOと事業』ミネルヴァ書房

宮川公男・大守隆編 [2004],『ソーシャル・キャピタル』東洋経済新報社

Robert Putnam, [1993], *Making Democracy Work: Civic Traditions in Moder Itary*, Prinston University Press, (河田潤一訳 [2001],『哲学する民主主義－伝統と改革の市民構造－』NTT出版)

Victor A.Pestoff, [1998], *Beyond the Market and State: Social Enterprises and Civil Democracy in a Welfare Society*, Ashgate, Aldershot, (藤田暁男他訳 [2000],『福祉社会と市民民主主義』日本経済評論社)

【執筆者一覧】

大林　守（おおばやし　まもる）..........第2章
　　専修大学商学部教授（商学研究所所員）

神原　理（かんばら　さとし）..............第1章，第5章，第6章（編著者）
　　専修大学商学部教授（商学研究所所員）

前川明彦（まえかわ　あきひこ）..........第7章
　　専修大学非常勤講師（商学研究所所員）

川名和美（かわな　かずみ）................第3章，第4章
　　高千穂大学経営学部教授（商学研究所所外研究員2002年4月〜2005年3月）

■ コミュニティ・ビジネス
　　─新しい市民社会に向けた多角的分析─

■ 発行日──2005年3月31日　初版発行　　〈検印省略〉
　　　　　　2012年5月26日　第5刷発行

■ 編著者──神原　理

■ 発行者──大矢栄一郎

■ 発行所──株式会社　白桃書房
　　〒101-0021　東京都千代田区外神田5-1-15
　　☎ 03-3836-4781　📠 03-3836-9370　振替00100-4-20192
　　http://www.hakutou.co.jp/

■ 印刷・製本──藤原印刷

　©Satoshi Kambara 2005 Printed in Japan　ISBN 987-4-561-95099-8 C3336

本書のコピー，スキャン，デジタル化等の無断複製は著作権法上での例外を除き禁じられています。本書を代行業者等の第三者に依頼してスキャンやデジタル化することは，たとえ個人や家庭内の利用であっても著作権法上認められておりません。

JCOPY 〈㈳出版者著作権管理機構　委託出版物〉

本書の無断複写は著作権法上での例外を除き禁じられています。複写される場合は，そのつど事前に，㈳出版者著作権管理機構（電話 03-3513-6969，FAX 03-3513-6979, e-mail: info@jcopy.or.jp）の許諾を得てください。

落丁本・乱丁本はおとりかえいたします。

専修大学商学研究所叢書

上田和勇　編著
環境変化と金融サービスの現代的課題

大きな変革期にあるわが国の金融サービス，とりわけ銀行業，保険業全般の変容と改革の問題に焦点を当て，金融サービスに関する諸制度，規則，経営等をいかに国際標準レベルまで引き上げ，市場を活性化させるかを論じる。
ISBN4-561-96088-0 C3033　　A5判　224頁　本体2,500円

専修大学マーケティング研究会　編著
商業まちづくり　商業集積の明日を考える

商店街を中心に小売業振興の必要性が叫ばれている。本書は小売業の振興を中心とした町づくりに関し，川崎市の実際の構想などを例に挙げ，理論的，現実的に論じる。中心市街地活性化担当者にとっての必携の書。
ISBN4-561-64134-3 C3363　　A5判　184頁　本体2,300円

黒瀬直宏　編著
地域産業　危機からの創造

1990年代から21世紀初頭にかけて進んだ製造業の危機的状況。本書は，今後の日本経済のあり方を考えるため，当時製造業に何が生じたかその変容を地域産業に焦点を当てて分析し，具体的に見つめる。
ISBN4-561-26402-7 C3334　　A5判　274頁　本体2,800円

神原　理　編著
コミュニティ・ビジネス　新しい市民社会に向けた多角的分析

コミュニティ・ビジネスが発展していくための課題（諸条件）について，経済，経営（市民起業），サービスとマーケティングといった様々な視点から考察していくことで，コミュニティ・ビジネスの諸側面とその課題を明らかにしていく。
ISBN4-561-95099-0 C3336　　A5判　156頁　本体2,000円

株式会社　白桃書房

（表示価格に別途消費税がかかります）